森本智之

競技場問題の真実

無責任国家・日本の縮図

GS
幻冬舎新書
402

はじめに

「2020年東京五輪・パラリンピックの会場となる新国立競技場の現在の計画を白紙に戻し、ゼロベースで計画を見直すと決断した」

2015年7月17日夕、安倍晋三首相が官邸で発したひと言で、新国立競技場の問題は急展開した。その後、計画の見直しは〝突貫工事〟で進み、わずか1カ月半で練り直された。だが、政府は、相変わらず難しいかじ取りを迫られている。それは、見直しのタイミングが遅れたために、競技場建設のタイムリミットがさらに短くなったことが一因だ。東京五輪まで残り5年。どうして、こんなギリギリのタイミングになったのだろうか。

白紙撤回宣言からさかのぼること2カ月前の5月のことだ。「今のままでは工期が間に合わない。見積もりも（予定の）1600億円では間に合わない相当な額が出ている」。下村博文文部科学相が舛添要一東京都知事との会談の場で、突如、明らかにしたことで、新国立競技場の問題は一気にクローズアップされた。舛添知事は計画の問題点を厳しく批判し、下村大臣との対決はどんどんヒートアップした。その様子はテレビでも繰り返し報じられた。

この時、初めて新国立の問題を知った人も多かったと思う。だが、実はもっと以前から、問題は繰り返し指摘されてきたのである。

最初の指摘は2013年8月、槇《まき》文彦さんという世界的に著名な日本人建築家が書いた1本のエッセーだった。それから白紙撤回に至るまでの約2年間は、槇さんをはじめとした建築家や、市民団体による問題点の指摘と、その意見にほとんど耳を貸さない行政当局との攻防の積み重ねだったと言える。

槇さんのこの問題提起から取材を始めた私は、白紙撤回までに80本近い記事を書いた。そのうち1本の記事に「『新国立』総工費　さらに900億円増　実は2500億円?」がある。東京新聞1面に掲載されたのは2014年10月5日。槇さんらの試算をもとにした記事だが、下村大臣と舛添知事のバトルの7カ月も前に、その内容をほとんど正確に予言するような内容だった。

このことからも分かるように、槇さんらの一連の指摘は論理的で説得力があった。新競技場の問題点を正確に読み解き、軌道修正を図るための〝警告〟と言ってもよかった。だが、行政当局はほとんど取り合わなかった。その結果、設計作業の最終盤になって計画の方が自滅した。白紙撤回に至る過程は、私にはそう見えた。

2015年9月、文部科学省の第三者委員会は検証報告書をまとめ、一連の計画について、責任者不在のまま、なれ合いで進んだ組織体制の問題である、と指弾した。報告書は「すべての重要な決定は、（中略）『やむをえない』という『空気』を醸成することで行われていた」とも断じた。

この組織体制について、舛添知事は以前、「（日本を戦争に導いた）大日本帝国陸軍を彷彿とさせる」と批判したが、一連の問題を取材し続けてきた私も、全く同じ意見である。

責任も権限も誰にあるのかよく分からないまま突っ走り、外部から指摘を受けても「決まったことだから」と途中でやめられない。戦後70年の節目の年に、こんな指摘を原稿にしていることを自分でも不思議に思う。

仕切り直された新計画は今も問題をはらむ。これは決して過去の問題ではない。本書では、これまでの私の取材の成果を元に、新国立競技場の整備計画がどのように検討されてきたのか。その全体像に少しでも、迫りたいと思う。

新国立競技場問題の真実／目次

第4章 白紙撤回
――計画自滅までの60日 157

DTP 美創

＊本文中の役職は当時のものである。
＊有識者会議の議事録などで明らかな文法上の誤りが認められる場合は、適宜修正して引用した。

第1章　「この計画は無茶です」

——長い取材の始まり

建築家・槇文彦さんのエッセーとの出合い

それは、1本のエッセーから始まった。

2013年9月上旬、東京・内幸町にある会社のデスクで作業していた私は上司である加古陽治東京新聞文化部長からA4判で6ページのコピーを手渡された。

「かなり説得力のある内容だと思うよ。ちょっと、取材してみて」

それが建築家の槇文彦さんが日本建築家協会（JIA）の機関誌である「JIA MAGAZINE」8月号に寄せた新国立競技場をめぐるエッセー「新国立競技場案を神宮外苑の歴史的文脈の中で考える」だった。

その論旨はこうだ。

2020年東京五輪やパラリンピックのメーンスタジアムとして計画されている新国立競技場は過去の五輪のメーンスタジアムと比べても規模がべらぼうに大きく、不必要なほど豪華すぎる。たとえば、直近に開かれたロンドン五輪では、メーンスタジアムの観客席の約7割は仮設席を活用し、閉幕後には、規模を縮小するという。環境的にもコスト的にも優しい設計だが、新国立は常設で8万席を造る。しかも建設予定地の明治神宮外苑は都心のど真ん中にあり、敷地は非常に限られている。狭い敷地に巨大な建物を造れば、景観上、圧迫感が出る。何より外苑は1926年に造成された後、東京で初めての風致地区に指定された歴史的な美観地区である。巨大すぎるスタジアムは、こうした歴史的な景観を損なう。巨大である分、建設コストも肥大化させている。

一読して、驚いた。当時、五輪の開催地選びはクライマックスを迎えていた。東京はスペインのマドリード、トルコのイスタンブールと最後の誘致合戦を繰り広げていた。メーンスタジアムと言えば、まさにその誘致合戦の顔だろう。日本中で五輪開催への期待感が高まる中で、エッセーは世論に逆行しかねない厳しい指摘にあふれていた。だが、加古部長の言った通り、論理的で説得力のある指摘でもあった。

エッセーの最後の言葉はとりわけ印象に残った。「(日本の建築論壇界では)昔から『物言えば唇寒し秋の風』のその秋風が今でも吹いているのではないでしょうか。一老建築家が、このようなエッセイを書かなければならなかったその背後にある我々の建築文化の風土について、少し皆で考えてみることができればいいことだと思っています」

世論に逆らうことになる可能性は槇さん本人が十分に承知しているようだった。

後になって人づてに聞いたところによると、「JIA MAGAZINE」に掲載する、しばらく前に同じ内容のエッセーを別の建築雑誌に持ち込んだが、「とても掲載できない」と断られたらしかった。当時はそんなことまで知るよしもなかったが、ともかく相当の覚悟で筆を執ったのだ、という熱意は伝わった。

五輪史上最大規模のスタジアム

当時、私は文化部に異動してまだ半年と少しの新米部員だった。ほとんど美術館に行った経験もないのに、美術と建築の担当を命じられ、オロオロしながら取材する毎日だった。だから、加古部長が私にエッセーを手渡したのも、「建築の取材だから担当の森本に」と思っただけのことだろう。現代の日本建築界の巨匠である槇さんの名前くらいはさすがに耳に覚えがあったが、かといって深い建築の知識があるわけでもない。だからという訳でもないが、新国立競技場についても、「国立競技場を建て替えて東京五輪で使うんでしょ」というくらいの知識だけで、そのほかは、ほとんど何も知らなかった。

槇さんへの取材に先立ち、新国立競技場についても調べた。すると、確かにかなり巨大であることが分かった。当時、既に設計作業に入っていたが、計画ではその規模は延べ床面積で29万平方メートルに達していた。この数字は旧国立競技場の5・6倍にもなる。

さらに、過去の五輪のメーンスタジアムと比べてみると、その突出ぶりがよく分かった。たとえば、2000年シドニー大会のメーンスタジアムは8万1000平方メートル、2004年アテネは12万7000平方メートル、2012年ロンドンは10万9000平方メートルだった。新国立はこれらの3・6～2・3倍に当たる。「鳥の巣」と呼ばれ、独特の形や巨大さが注目を集めた2008年の北京ですら、25万8000平方メートルで、新国立には及ばない。まさに五輪史上最大規模といってよかった。

どうしてこんなに大きくなったのだろうか。新国立競技場は、東京都新宿区の明治神宮外苑地区にある旧国立競技場を取り壊して、敷地を拡大し、建て替える計画だった。その際に「世界一のスタジアムを造ろう」というスローガンの下、敷地を拡大し設備も大幅に拡充されることになっていたのだ。

具体的に見てみる。観客席は5万4000席から8万席にアップ。天候などに応じて開閉する全天候型の屋根も備える。さらに、規模を押し上げる要因になっていたのは、ホスピタリティ（おもてなし）施設として計画されたVIP席・個室席（2万5000平方メートル）や、スポーツ博物館・商業施設（2万1000平方メートル）、地下駐車場（900台分）などだった。槇さんがエッセーで言わんとした不必要なほど豪華すぎる設備とは、このあたりのことを指していたわけだ。

イチョウ並木と絵画館──東京を代表する景観

槇さんに会う前に、もう一つ確認しておきたいことがあった。槇さんが「歴史的文脈」と呼んで重要視した、明治神宮外苑の意義である。それまでの私の認識では、外苑地区と言えば、国立競技場のほかに神宮球場や秩父宮ラグビー場もあり、都心のスポーツ公園というイメージが強かった。おそらく多くの都民や国民が同じような感覚かもしれない。だが、歴史を振り返ってみると、本来は全く違う趣旨で造営されていたことが分かった。

完成は1926年。明治維新を果たし日本の近代化の象徴的存在だった明治天皇をたたえるため、内苑である明治神宮とともに、国家プロジェクトとして整備された。特徴的だったのは、内苑の建設費が国費で賄《まかな》われたのに対し、外苑は民間の力で誕生したという点だ。その整備に当たっては、民間有志で結成した「明治神宮奉賛会」が国民から集めた寄付金で賄ったという。

設計を担当したのは、後に「公園行政の祖」と呼ばれることになる造園家の折下吉延《おりしもよしのぶ》だった。それまでの日本の公園と言えば、神社仏閣の境内を改造した和風庭園でしかなかった。だが、折下は視察で訪れたパリのシャンゼリゼや、ロンドンのハイドパークの美しさに驚き、都市の中心に市民が憩う場として、近代的な公園を造ろうとした。

今、しゃれたビルが立ち並ぶ青山通りの2丁目交差点から外苑の方向に向かって立つと、300メートルにわたって続くイチョウ並木が目に飛び込んでくる。真ん中に道路をはさんで片側2列ずつ、計約150本の大木は、秋になれば美しい黄色の葉で一帯を彩り、家族連れやカップルら多くの人が行き交う。テレビドラマの撮影にも使われるなど、その光景は外苑の顔の

イチョウ並木の向こうに聖徳記念絵画館が見える（著者撮影）

一つになっている。

　さらに、その並木を抜けた先に見えるのが、明治天皇の足跡を伝える聖徳記念絵画館である。石造りのドーム屋根が特徴的なこの建物は、2011年には日本最初期の美術館建築として国の重要文化財にも指定されている。

　都心のど真ん中にいることを忘れさせてくれるかのような、ゆったりとした優しい景色。外苑の、というよりも東京の代表的な景色である。これが明治神宮外苑の中心であり、今から100年近く前、折下が造ろうとしたものなのだろう。スポーツ施設はその歴史を振り返れば、主役ではない。

　途中、関東大震災（1923年）が起きて工事は中断を余儀なくされるなど、立案から完成まで10年以上の歳月を要してもいる。造営が民間の力で叶《かな》ったという点も含めて、当時の人々の思いの強さを感じる。

この取材の中で、京都工芸繊維大の松隈洋教授（近代建築史）が興味深いエピソードを教えてくれた。松隈教授は長年、近代建築の保存運動に携わってきた人で、槇さんの主張にも共感していた。私にとっては、建築の専門家の立場から、その後も折に触れて取材のアドバイスをもらうことになる人である。

１９４０年に東京五輪の計画があったことは、知っている人も多いだろう。日本書紀の記述に基づき、初代の天皇とされる神武天皇が即位した紀元前６６０年を「皇紀元年」とし、１９４０年が「皇紀２６００年」の節目に当たることから、その祝賀行事として計画されたのが、アジアで初めてとなる東京五輪だった。国を挙げてのなりふりかまわぬ交渉が実を結び、１９３６年の国際オリンピック委員会の総会で、東京開催が正式に決定した。だが、日中戦争の激化により、開催直前の１９３８年夏になって日本は開催を返上することになった。

その「幻の東京五輪」で、当初、メーンスタジアムとして検討されたのが、旧国立競技場と同じ場所に建っていた、前身の「明治神宮外苑競技場」だった。外苑の造営に伴って１９２４年に建設された施設だが、きっと多くの人にとって印象深いのは、雨の降りしきる中、２万人以上の男子学生が行進した、あの「出陣学徒壮行会」の会場としての姿だろう。

当時の収容人員はスタンド席と芝生席を合わせておよそ３万３０００人余だった。これでは五輪のメーンスタジアムには小さすぎるとして、時の政府は倍以上の7万5000人規模に拡張することを決めた。国際オリンピック委員会もそれを承認したという。

だが、この決定に真っ向から反論した建築学者がいた。東大安田講堂などの設計で知られ、戦後の日本を代表する建築家丹下健三さんの師でもある岸田日出刀《ひでと》東京帝国大教授だった。

岸田教授は当時の建築誌でこう訴えた。

「地上数十尺の高さにスタンドが厖大な姿で建ちはだかった場合、如何に建築的の意匠に手腕を揮《ふる》っても、スケールの不調和という点であの辺り一体の今の調和した風致美というものは跡形もなく損じ去られるであろう。（中略）今の神宮外苑競技場はあれはあれとして、まとまったもので、今日の競技技術の上から非難あるにせよ、永い間神宮大会競技場としてよく明治天皇の大御心に副《そ》い奉り得た由緒深い競技場である。それを跡形もなくオリンピック16日間のために壊し去るというのは言語道断の計画で、（中略）甚だしい暴挙と言うべきである」

岸田は元々、代々木の練兵場にメーンスタジアムを新設することを主張していたが、この訴えは、陸軍の強い反対で撤回を余儀なくされたという経緯もあった。

岸田の頑張りに、外苑を所管した内務省の後押しも加わり、土壇場でメーンスタジアムの候補地は駒沢に変更された。松隈教授は「当時と今は全く同じ状況です。本当にこのまま計画を進めていいのか。槇さんの問いかけは重い」と話した。

槇さんへのインタビューと最初の記事

さて、槇さんへのインタビューが叶ったのは9月13日、東京五輪の招致が決まった5日後だった。ホームページで事務所を検索し、少し緊張しながら、電話のプッシュボタンを押したことを覚えている。テレビニュースでは、滝川クリステルさんの「お、も、て、な、し」、IOC会長の「トウキョウ」の瞬間が繰り返し流されていた、あのころのことである。

槇さんは1928年東京生まれ。建築界のノーベル賞と言われる「プリツカー賞」を、師匠の丹下健三さんに次いで日本人で2人目に受賞した日本建築界の重鎮だが、80歳を超えた今も、ニューヨークの米中枢同時テロ跡地に高層ビルを設計するなど、現役で活躍する建築家だ。

「新国立競技場の規模はロンドン五輪のメーンスタジアムの3倍もあるのに、敷地は7割の広さしかない。1300億円と言われているが、まともにやったらもっとかかるという情報がある」「うまくいかないと必ず税金のような形で国民にツケが回る」「五輪というわずか20日足らずの祭典のために100年の景観を壊してもよいのでしょうか」。東京・代官山の事務所で対面した槇さんは、時折柔和な表情をしかめながら、素人の私にも分かるようなかみ砕いた言葉で、しかしとてもはっきりとした口調で、よどみなく問題点を指摘した。

槇さんは国立競技場の西側に近接する東京体育館の設計をしている。その際、やはり景観上の問題から、体育館がコンパクトになるよう、設計に腐心したという。その苦労の経験から、何よりもまず新国立競技場の巨大さに驚いたそうだ。

槇さんは私に言った。「この計画は無茶です。おこがましいかもしれませんが、私には建築家として、それを言う責任があると思っています」

新国立競技場の整備計画には確かに問題がある。2時間近くに及んだインタビューが終わるころには、はっきりとそう感じるようになっていた。

取材記事は、9月23日付東京新聞朝刊の1面と社会面に大きく掲載された。これが、2年以上に及ぶ長い取材の始まりになるとはこの時は想像もしていなかった。

建て替え計画はいつ誰が決めたのか？

こうした疑問点の多い新国立競技場は、どのようにして計画されたのか。それが次の取材のポイントになった。文部科学省が所管する独立行政法人に、「日本スポーツ振興センター（JSC）」という組織がある。国立競技場をはじめとして、国立の体育施設の管理運営を行っている。このJSCが新国立をいったいどんなスタジアムにするのか、一から検討していた。

担当者に聞くと、そもそも国立競技場を建て替える主な理由は老朽化だった。1958年に完成し、1964年の東京五輪のメーンスタジアムとなるなど、日本スポーツ界の聖地だった国立も、建設から半世紀以上が過ぎた。5万4000人の収容人員が国際大会の求める収容規

旧国立競技場の全景（毎日新聞社提供）

模に合わないなど、古くなった設備は各種の基準に適合しなくなり、最近はスポーツの表舞台から遠ざかりつつあった。

たとえば、日韓が共催した2002年のサッカーのワールドカップ（W杯）では、客席の一部に屋根がないという理由で試合が行えなかった。陸上競技でもトラックが8レーンしかなく、国際陸上競技連盟が求める9レーンに足りない。ウォーミングアップ場である「サブトラック」もないため、国際的な陸上大会はマラソンを除いて、1991年の世界陸上が最後になっていた。さらに国の耐震化基準も満たしていなかった。

当時の新聞記事や文科省の公表資料などを調べてみると、建て替えの方針が表面化したのは2011年秋だった。文科省は翌12年度予算の概算要求で、建て替えに向けた調査費として1億円を計上。中川正春文部科学相は10月4日の記者会見で、「国立競技場は東京オリンピック誘致の中のポイントでありますので、東京の誘致に資していく、結びつけていくようなことにしていきたい」と述べた。

２０１６年の五輪招致でリオデジャネイロに敗れた東京都は、この3カ月前に２０２０年大会への再挑戦を表明していた。前回は都立のスタジアムを湾岸の晴海地区に新設する計画だったが、周辺を海に囲まれ、地震など緊急時の避難経路や利用できる公共交通機関が限られた。その弱点をＩＯＣに指摘され、敗因になったとみられていた。

もし建て替えが実現し、都心の新しい国立が利用できるとなれば、こうした課題はまとめて解決できる。新国立競技場は２０２０年大会の招致で大きな追い風になるのでは、といった目論見が関係者にはあったわけだ。さらに当時、２０１９年にラグビーＷ杯が日本で開催されることが既に決まっており、国立がメーン会場として使えるよう、建て替えを求める声も上がっていた。

翌２０１２年になると、いつの間にか建て替えが既定路線になっていた。ＪＳＣは1月、諮問機関として「国立競技場将来構想有識者会議」を設置。建て替えを前提として議論を具体化させ、3月に第1回の会合を開いた。

メンバーは佐藤禎一元文部事務次官をトップに、森喜朗元首相、竹田恆和日本オリンピック委員会会長、石原慎太郎東京都知事ら、政治、スポーツ、文化各界の重鎮ばかり14人。五輪招致に前向きな人ばかりだった。そうそうたる顔触れだが、建築家は安藤忠雄さんただ一人だった。

有識者会議は諮問機関という位置づけながら、事実上の意思決定機関として、その後、迷走する新国立の整備計画の中心的な存在となる。そして、驚いたことに最初の会議のわずか4カ月後の7月、新国立の全体像はあっさりと決定してしまった。

それが後に槇さんに指摘されることになる、「8万人の常設席」「開閉式屋根」「用途に応じて自動で移動する可動席」「延べ床面積29万平方メートル」といった、巨大すぎる競技場のスペックだった。

有識者会議の下部には作業部会として、3つのワーキンググループも設置されていた。それぞれの座長は有識者会議のメンバーが兼任し、そのほかのメンバーは、担当ごとに、その道の専門家が名前を連ねていた。新国立の設備や規模を検討する中核組織の「施設建築グループ」(座長は安藤忠雄さん)、サッカーやラグビーなどスポーツ利用者の観点から必要な設備を検討する「施設利活用(スポーツ)グループ」(座長は小倉純二日本サッカー協会会長)、同様にコンサートなど文化イベントの観点から設備を検討する「施設利活用(文化)グループ」(座長は作曲家の都倉俊一さん)である。

しかし、このワーキンググループもそれぞれ4回、2回、2回しか開かれていなかった。

ＪＳＣはここで決定したスペックに基づいて国際デザインコンペを実施。安藤さんを委員長とする審査委員会を別に組織し、イラク出身で英国在住のザハ・ハディドさんのあのデザインを選んでいた。

会議は密室・情報は非公開の、後ろ向き姿勢

当時の予算で１０００億円を超えるビッグプロジェクトである。当然、さまざまな見地から深い議論がされていてしかるべきだが、ここに至るまで、いったいどんな議論があったのか、分からなかった。しかも短期間にわずかな回数の会議しか開かれていない。本当にちゃんと議論したのか。膨らむ疑問をＪＳＣの担当者にぶつけたが、有識者会議も、ワーキンググループも、デザインコンペも、全ての会議は非公開で行われていた。その内容は「現段階でも明らかにできない」と言い、その理由を「過去の議論の詳細を明かすと今後の議論に差し支える可能性がある」と説明された。

この時の正直な気持ちは、「国家プロジェクトをうたいながら今どき、密室の協議か」だった。文化部に異動する前、社会部時代に担当していた原発の問題では、たとえば、原発事故による損害賠償の指針をまとめた文科省の「原子力損害賠償紛争審査会」の会合など、注目度の高いテーマの時はネット放送局の生中継が入ることもあった。だからこんな理由で会合の議論

をクローズにするＪＳＣの主張には、到底、納得できなかった。「これではどんな経緯で計画が固まったのか、検証することもできない」。私はＪＳＣに対し、関連するあらゆる会議の議事録や資料を、情報開示請求した。

情報公開に後ろ向きなこうした姿勢は、その後、ほとんど変わらなかった。環境政策に詳しい千葉商科大学の原科幸彦教授によると、欧米では、こうした政策決定のプロセスをＤＡＤと呼んで揶揄《やゆ》するそうだ。「decide, announce, defend」の頭文字を取った略語で、「決定してから、報告し、批判は受け付けない（弁解する）」という意味を指す。新国立の問題は、後に、「動きだしたら止まらない公共事業そのもの」と言われるようになったが、現場の取材では常にその体質を実感することになった。

一部発言が墨塗り・削除されていた議事録

情報開示請求した一連の資料はその後、半年以上をかけてさみだれ式に開示されていった。だが、その議事録も１００％納得できる内容ではなかった。

たとえば、ＪＳＣの河野一郎理事長や、有識者会議の佐藤禎一委員長、デザインコンペの安藤忠雄審査委員長ら一部のメンバーを除いて、発言者名は「【◎委員】」と記されているだけで、いったい誰が話した内容か分からない作りになっていた。過去にも開示請求で、議事録を取得したことは何度もあるが、こんな議事録を見たのは初めてだった。

ＪＳＣの担当者は、「うちでは議事録はこういう作りをしている。これしかない」と説明した。また、ＪＳＣは「率直な意見の表明が困難になる」との理由で、「特定の施設に関する特定の委員の率直な意見」とされた一部の発言は墨塗りで開示していた。

いずれも納得できる理由ではなかったが、計画が白紙撤回された後の２０１５年８月になって、ＪＳＣのさらにとんでもない行為が発覚する。新国立競技場問題の経緯を検証していた自民党の行政改革推進本部が一連の有識者会議のうち一部の議事録を入手し、報道陣に公開した。そこで私が独自に入手していた議事録と見比べたところ、私の議事録にはない発言が、自民党の入手分にはあることが分かった。

それは、森喜朗元首相が、国際デザインコンペで選ばれたザハ・ハディドさんらのデザインについて、「正直言うと、神宮のところに宇宙から何かが降りてきたっていう感じ。（３位の案も）カキフライのフライのないカキか、生ガキがいるっていう感じがして、このあたりがちょっと違和感を（覚えた）」などと、批判的に評価していた部分だった。

ＪＳＣの広報室に問い合わせると、議事録からこうした発言を削除して開示していたことをあっさりと認め、「『議事録』とは、出席者の発言を一字一句書き起こした『発言録』から、読みやすいようにポイントをまとめたもの。自民党の行革本部には『発言録』を提出した」と説明した。さらに森元首相の発言を削除した理由は、「意図的なものではない。議論のポイントではないと判断した」と述べた。

開いた口がふさがらなかった。確かに今回の森元首相の発言は、たとえばコンペの結果を覆すほど重要な発言だった訳ではないかもしれない。だが、問題なのは、こうしたＪＳＣの行為が、「議事録」の正当性や信頼を揺るがす行為であるということだ。政策を決定する際、いったいどんな意思決定のプロセスがあったのか、それを後の人が検証するために議事録は残されるのである。その内容を、当事者が勝手に変更してもよい訳がない。そんなことを許していたら、自分たちにとって都合の悪いことを後から改ざんする事態だって起きてしまう。

加えて、開示当時の「これしかない」という説明は何だったのか。そもそも私は開示請求の際に、「議事録をはじめとする一切の文書」と求めていた。この点を重ねて広報室に問うと、『発言録』は私的なメモの扱いだから請求の対象にならない」との回答だった。

うんざりした。今回のケースは「情報操作」と言ってもよいくらいのひどいものだ。

ただ、こうした議事録ではあるが、関連の資料や出席者への取材で得た証言などと突き合わせることで、これまでいったい何をどう検討してきたのか、そして計画のどこに問題があったのか、その流れをたどることはできる。次章は、その内容を紹介したい。

第2章　ドキュメント・巨大スタジアム計画誕生

第1回有識者会議
——2012年3月6日

最初から決まっていた「8万人規模」

「規模については、8万人規模をスタートラインに。参考資料の『国立霞ヶ丘競技場（注・国立競技場の正式名称）の8万人規模ナショナルスタジアムへの再整備に向けて（決議）』を見ていただきたい。これが公に目にされている最近のものであり、これを根拠としたい。オリンピック、パラリンピック招致申請ファイルにも同様の記載（をしている）」

2012年3月6日、国立競技場内の会議室で開かれた有識者会議の初会合で、JSCの河野一郎理事長はこう切り出した。有識者会議がこれから何を検討していくのか、その説明の中での発言だった。8万人は前提条件だったことに、驚いた。

ここに出てくる「決議」とは、2019年に日本で開かれるラグビーのワールドカップ（W杯）の成功に向け、超党派の国会議員で結成した「日本大会成功議員連盟」が、2011年2月に採択した決議のことを指していた。国立競技場は老朽化が激しく、世界のナショナルスタジアムと比較しても設備面で劣っているから、ラグビーW杯をはじめ、今後開催されるであろう国際競技大会のために再整備するべきだ──。そんな内容だった。

議連の会長は西岡武夫参院議長が務め、顧問として安倍晋三氏、麻生太郎氏、福田康夫氏、鳩山由紀夫氏ら、歴代首相も名前を連ねていた。そして、決議文の署名欄にはこうした重鎮議員に加え、国会議員有志でつくる「国会ラグビークラブ」の顧問として、有識者会議の委員でもある森喜朗元首相の名前もあった。

そうそうたるメンバーである。だが、ここで注意したいのは、これは単なる決議であって、拘束力は何もないということだ。ラグビーの国際統括団体「ワールドラグビー」は、通常主会場で行う開幕戦や決勝の観客収容数について「6万人以上」を推奨しているだけで、ルール上、8万人は必要ない。さらに言えば、開会式や陸上競技を行う五輪のメーンスタジアムの条件も「6万人以上」。やはり8万人は必要ない。

それではなぜ8万人が必要なのか。それは、サッカーW杯の開催条件が収容人数8万人以上だからである。

河野理事長の説明は続く。

「スポーツの競技場であるが、これだけの規模のスタジアムは文化発信の場としても貴重。三大テノールも注目を浴びた。そのとき以来重要性を増した。全天候型のスタジアムも要検討になる。多様な利活用形態によって『稼げる』スタジアムにすることも検討していただきたい」

「全天候型スタジアム」とは、開閉式屋根を整備することを指す。コンサートの際には、屋根を閉じることで音響効果を高めることができ、雨の浸入や外部への騒音をシャットアウトできる。

コンサートは、スタジアム経営にとって「ドル箱」と呼ばれるほど収益性が高いが、都心に立地する国立競技場は、周辺への騒音の影響から、年間1回程度しか開催できなかった。屋根を閉じることができれば、もっとたくさんコンサートを開いて収益を上げることができる。もちろん、その分、施設は巨大化、複雑化し、コストも増大してしまうのだが、「8万人」と同様、開閉式屋根も、議論が始まる前から織り込み済みだったことになる。

後に文科省関係者は私の取材に対して「当時、われわれが参考の一つにしたのが英国のウェンブリー・スタジアムだった」と明かした。「サッカーの聖地」と呼ばれるこのスタジアムは9万人収容、開閉式屋根を備え、スポーツにもイベントにも活用されている。「有識者会議の一部のメンバーは現地視察もしているし、『世界一を目指す』というスローガンの通り、とにかく造るなら最上のものを、と考えていた」という。こうした認識に立ち、「8万人」も「開閉式屋根」も、ＪＳＣ側が、検討対象として有識者会議に提案したのだという。

さらに会議の中で、河野理事長は、「8万人規模だと現在国立競技場の建っているところだけだとはまらない」とも、はっきり述べていた。やはり最初から、巨大化ありきだったことが分かる。

これを受けて各委員からは、「オールジャパンの体制で進めないと」「ぜひ壮大な計画が達成できるように」などと前向きな受け止めが続いた。

五輪招致の立候補ファイルの提出は2013年年明けに迫り、この段階で残り時間は10カ月弱しかなかった。今後、駆け足で議論をまとめていくことが確認され、以後の具体的な検討作業は3つのワーキンググループに委ねることとなった。

第1回「施設建築」ワーキンググループ
――2012年4月10日

高さ15メートル以上の建築物が禁じられている地区

ワーキンググループのうち中核的な組織が、安藤忠雄さんが座長を務めた「施設建築グループ」だった。他のメンバーもいずれも建築のプロで、鈴木博之青山学院大教授、岸井隆幸日本大教授、内藤廣東大名誉教授、安岡正人東大名誉教授が名を連ねた。

議論の進め方は、「施設利活用（スポーツ）グループ」、「施設利活用（文化）グループ」を含めた3つのワーキンググループがそれぞれ、新国立に必要だと考える設備を検討し、最終的に「施設建築」で整理。親会議である有識者会議に報告することになっていた。つまり「施設建築」の議論を追えば、ワーキンググループで何が話し合われたかの全体像をつかむことができる。

施設建築の第1回の会合は2012年4月10日に開かれた。

初っぱな口火を切ったのは、東京都都市整備局の安井順一技監だった。会議には国や都の関係者も出席しており、安井技監もその一人だったのだが、5人の委員を差し置いてこう発言した。

「都市計画は東京都が決めるものと、区市町村が決めるものがある。今回は東京都が決められる再開発等促進区という手法。都市計画にかけて、段階的に計画が可能なようにしたい」

予定地の明治神宮外苑は、東京で初めての風致地区である。その景観を守るため、都は1970年に制定した風致地区条例で、高さ15メートルを超えて新たな建築物を造ることを、原則的に禁じていた。さらに地元の新宿区も周辺一帯を都市計画法の高度地区に指定しており、20メートルの高さ制限を設けていた。つまり、国立競技場の周辺は、条例や法律などいくつかのルールが重複して、大きな建築物を造ることを制限していた。その禁を、規制する側の東京都自らが解く。安井技監はのっけからそう宣言したのだ。

実際に翌2013年6月、都は都市計画の変更という手法を用いて、高さを75メートルまで、容積率も250％まで一気に緩和する。都は五輪開催都市であり、有識者会議のメンバーには知事も名を連ねる。いわば新国立競技場整備計画の当事者である。だが、それはそれとして、許認可権者なのだから、制限緩和の妥当性はきちんと判断する義務がある。しかし、議事録にそうした言及はない。

安井技監はさらに、「国際コンペの募集の考え方を整理いただけたら（中略）なるべく早く（関係の）区と調整したい」と言い、明らかにタイムスケジュールを気にしている物言いだった。東京五輪開催前年の2019年にはラグビーW杯が行われる。この時に新競技場を使うためには、日程に余裕がなかったのだ。

この議事録を入手した当時、安井技監に取材を申し込んだが、多忙を理由に応じなかった。代わりに都土地利用計画課の飯泉洋課長が、「再開発を検討している人に都としてアドバイスしただけ。だからといって必ず都市計画変更するわけではなく、景観への影響などを踏まえ審査はきちんとやっている」と答えた。だが、ワーキンググループ出席者の一人は私の取材に、「都市計画の変更は新競技場建設の重要な前提条件。都の担当者は最初から計画変更を見越して作業をしていた。急がなければいけない、というのは参加者の共通認識だったと思う」と述べた。

新国立が巨大化することは、有識者会議の第1回の議論で既に明らかになっていた。だが、計画を実現しようとすると、風致地区条例が邪魔になってしまう。だから、計画立案と並行して、ルールの変更も検討していたということだろうと思った。そこには、外苑が造営されて以降、先人が守り続けてきた景観への配慮は感じられなかった。

最初から制限緩和ありきだった都の姿勢

高さ制限を15メートルから75メートルまで、一気に5倍もの緩和を認めたこの東京都の姿勢については、別の会議の出席者の発言からも見てとれる。この3カ月後の7月に開かれた第2回有識者会議に出席した、東京都の秋山俊行副知事の言葉である。この日の会合の内容については後で触れるが、ここでは制限緩和の問題に限って紹介したい。

有識者会議委員である石原慎太郎都知事（当時）の代理として出席した秋山副知事は、こう話していた。

「本件、大変タイトな日程でございますので、（中略）都市計画についてきちんと対応していかなければいけないという気持ちを新たにいたしました。もちろん本件、権限上、（中略）都市計画の見直しが可能でございます。しかしながら、地元の了解が全くなくてやれるかということになると大変不安でございます。（中略）これらの地元に対してかなり計画的に、時系列も含めて説明する詳細な計画を既につくっております」

「都市計画の見直し」とはっきり述べている。しかも、都自ら、そのための説明の計画をつくっているとまで言っている。開発優先の都の姿勢は明らかのように見える。この点についても、議事録入手当時に秋山副知事に尋ねたが、「過去の例から見て都市計画の変更に大きな問題はないだろうという見込みがあったが、最初から結論ありきだったわけではない」という回答だった。

「施設建築」ワーキンググループの議論に戻る。この後の議論では、最終的に、都市計画変更に必要な新競技場の位置、規模、高さ、施設構成などを優先して決定し、その後、7月に受付を開始する予定の、国際デザインコンペのための条件を詰めることで合意した。

同じ日に配られた資料には、収容人員8万人確保のためスタンドを3層式とすることや、頂上部の高さが70メートルに達することが示されていた。これらは、後に決定する新国立の当初の規模とぴったり重なる。

座長の安藤忠雄さんは、この段階で計画の問題点をこう指摘している。

「(最寄りの) 千駄ケ谷駅から歩いてきますと、相当な大きさです。(中略) 景観上の課題がある。もう一つは、高さの問題から、地下を使おうとする。コストの問題もありますが、工期が追いつかないとか。(中略) 周辺は全体のバランスがいい公園です。これだけ大きなものが入れるのかを見定めておかないといけない」

規模、景観、コスト、工期。その後、問題になるポイントをきっちり指摘している。どうしてこの指摘は生かされなかったのだろうか。

第2回「施設建築」ワーキンググループ
——2012年5月14日

サッカーW杯もコンサートも……膨れ上がる要望

2回目の会合はほぼ1カ月後に開かれた。議事録を繰ると、冒頭から威勢の良い言葉が続いていた。

「新国立競技場に求められる要件の1番目が、世界に誇れるスタジアム。スポーツの聖地である国立競技場として、日本が世界に誇れる、世界が憧れるスタジアムを造りたい」

発言したのは、日本サッカー協会の会長を務める小倉純二「スポーツ」ワーキンググループの座長だった。前回の会合以降、「スポーツ」「文化」の両ワーキンググループもそれぞれ初会合を開き、新競技場に必要と考える設備を、要望案として取りまとめていた。

小倉座長は約100ページに及ぶ資料を手に、その結果を報告していく。

「(サッカーW杯など)国際大会が開催できる仕様を求めますので8万人以上のキャパシティ

はどうしても最低でも必要」「陸上のワールドカップ、オリンピックを開催する場合はサブトラックが必要」「フランスのサン・ドニのスタジアムのように、競技者と観客席を近づけるための可動式観客席を」「世界基準のホスピタリティ機能」「アンチ・ドーピングの設備」「バリアフリー、高齢者・障害者に配慮したい」……。

続いてピンク・レディーの「UFO」などで知られる作曲家で、「文化」ワーキンググループの都倉俊一座長がマイクを握った。

「開閉式の屋根はマストです。（中略）今の国立競技場は規制で年間1回、2回しかコンサートができない状況ですが、1番の原因は周辺への騒音です（中略）環境に対する規制や配慮が、今の国立競技場でコンサートを開催するに当たって1番のネックという話でした」「観客、出演するアーティスト、お金を出して制作するプロデューサー、この3者が便利に使える施設でなければならない」「（8万人規模のコンサートでも）3万人コンサートでも臨場感が出る方法を考えた設計」「8万人が速やかにスタジアムを後にできる動線計画」……。

2人の要望はとめどなかった。これほどたくさんの要望を、いったいどうやって計画に反映させるのか。ひとしきりのやりとりの後、ある委員が声を上げた。

「全部単純に加算していくと、規模的に不可能になってしまいます。（中略）年に1回しか使用しないものであれば特設の施設でまかなえる」

別の委員もいさめるように口を開いた。

「この際という形でいろいろな要求を出されています（中略）それぞれの要求がどの程度フレキシブルなものか、もうこれだけは死守しなければいけないというところを、ある程度は示していただいて……」

このやりとりは非常に象徴的だと思った。数々の要望にクギを刺した2人の委員は、建築の専門家である。その2人が困るほど要望を詰め込んでいけば、競技場の規模は膨れ上がっていくに決まっている。だが、前回の会議でずばりと規模をめぐる問題点を指摘した安藤さんは、議事録を見る限り、ここでは明確に問題提起をしていなかった。

結局、こうした要望に対しては、ＪＳＣの藤原誠理事が、「スポーツ部会、文化部会からの要望も踏まえて、事務局で与条件（注・スペックのこと）の案を作成します」と引きとった。ただし、スケジュール的に急がなければならないということで、次回の会合で早くもそのスペックを決定し、それに基づいて都市計画変更のための手続きを進めることになった。

五輪陸上競技のためのサブトラックは後回しに

さらにこの日は、もう一つの重要な決定も行われていた。あらためて新国立の配置を検討した結果、サブトラックを設置するスペースがないことが、事務方から報告されたのだ。

サブトラックとは、本番前のウォーミングアップ場のことで、陸上競技の大会には必須の施設だ。世界陸上のような大規模な国際大会も、国体やインターハイのような全国レベルの大会も、これがないと開催できない。だが、これまでの国立競技場には整備されておらず、陸上界にとってその新設は悲願とされてきた。

実は前回のワーキンググループの会合の時点では、サブトラックは新設される方針だった。参加者への配布資料には、新国立に隣接してサブトラックを配置した図面が添付されていた。それが一転したのは、新国立の規模が膨らんだことと無関係ではないだろう。元々敷地は限られている。新国立の巨大化に伴い、ほとんど追い出されるようにして、サブトラックの新設計画は消えてしまった。

東京五輪で、新国立は開会式のほか陸上競技などに使われる。そのためにサブトラックは億単位のカネをかけて仮設で造り、閉幕後には撤去されることになった。開閉式屋根はコンサートの、8万人の常設席や可動式の座席は将来のサッカーW杯誘致のためだ。新国立は五輪のための施設でありながら、五輪の陸上競技開催に必要なサブトラックは後回しになった。

第3回「施設建築」ワーキンググループ
——2012年6月14日

議論らしい議論もなく了承された最終スペック

開会に先立ち、出席者に配布された50ページ足らずの資料の束の中に、「新国立競技場に求められる施設機能と想定される諸室と規模（案）」と題された書類があった。前回、JSCの藤原誠理事が発言した通り、事務方がまとめた新国立の最終的なスペックが、その中に示されていた。

そこには、あちこちから相次いだ要望をいれた結果、大きく膨れ上がった新国立の姿が浮かび上がる。

旧国立は5万4000席、国内最大の日産スタジアムは7万2000席。これに対し、新国立は8万席。日本最大規模だが、英国のウェンブリースタジアムの9万席には及ばない。

だが、選手更衣室や運営本部室など「競技等関連機能」に目を向けると、新国立は1万5000平方メートルもあり、ウェンブリーの1・6倍に達した。旧競技場と比べると3倍以上、日産の2倍弱もある。VIP席など「ホスピタリティ機能」は2万5000平方メートルで、これもウェンブリーを上回る。旧競技場や日産と比べると、なんと10倍前後の規模になる。

各施設を積み上げた全体の延べ床面積は、29万平方メートル。ウェンブリーは新国立の「参考」とされたスタジアムだったが、規模の上ではこのウェンブリーも含め、他の3スタジアムを圧倒していた。

このスペックの検討の元になったのが、「スポーツ」「文化」の両ワーキンググループが示した、あの数々の要望だ。

要望の一覧表が同じ配布資料の中にあった。数えてみると、その数は実に128項目もあった。あまりにも多いため事務局が整理したわけだが、全て設計段階までには何らかの対応をとることが明記されていた。

この一連の資料を事務方が説明し、その後で安藤忠雄座長が、「問題点があると思われる方がありましたら、何か教えていただければ」と声を上げた。

だが、議論らしい議論はほとんどなかった。委員からは「周辺の交通計画は提示してコンペに出すのか」などいくつかの質問が出たが、その圧倒的な規模に疑義を呈する声は最後まで上がらなかった。この間のやりとりはA4判の議事録でわずか2ページだけ。ワーキンググループは事務方の示した案をそのまま追認した。

デザインコンペも異例の短縮スケジュール

その後は、一気に国際デザインコンペの開催方法の検討に入った。だが、その内容も駆け足だった。安藤さん自身、こう発言して、コンペのスケジュールの厳しさを言い表した。

「ものすごく大きなスケールのものを、ものすごく短いスケジュールで行うという困難な計画です」

この会合の1カ月後にはコンペの応募受付が始まり、わずか2カ月足らずで締め切る。その後、2カ月の審査を行い、計4カ月でデザインを決定してしまうのだ。建築の世界では、大規模な建築物ならコンペに1年かけることも珍しくない。それを考えると、異例とも言える短期審査だった。

たとえば、「戦後日本最大のコンペ」と呼ばれ、1985〜86年に行われた東京都庁舎のコンペでは、開始から応募締め切りまで4カ月弱、110日だった。役所の庁舎とスタジアムを並列には比べられないだろうが、新国立競技場は都庁の半分にも満たない2カ月弱、53日しかないのである。

平松剛著『磯崎新の「都庁」』(文藝春秋)は、都庁舎のコンペに参加した建築家の磯崎新さんを主人公に、磯崎さんの師匠でありコンペの当選者となった丹下健三さんらとの〝対決〟を、物語仕立てで描いたノンフィクションである。この中で、コンペ案作りにはいかにすさまじいエネルギーが必要かがよく分かる記述がある。丹下事務所の中心スタッフだった古市徹雄さんの、当時の仕事ぶりについて触れた部分だ。

「新都庁舎コンペが始まって以来、ほとんど家には帰っていない。期間中は、丹下事務所のある青山の草月会館から歩いて一〇分ほどの赤坂プリンスホテルに中心スタッフ用の二部屋が確保してあり、そこへ短い仮眠を取りに行く。時間は不規則で、もはや平均睡眠時間などというものは把握していない。そんな生活が続いていた」

ちなみに、古市さんは槇文彦さんが最初のエッセーを書いた時に、掲載誌となった「JIA MAGAZINE」の編集長を務めていた。その後も槇さんの考えに賛同し、行動を共にしている建築家だ。大学卒業後に丹下事務所に入所し、このコンペで当選した後に独立した。

これを読めば、やはり2カ月弱という期間はかなり短いように思える。

しかも、この日の安藤さんの発言によると、コンペに向けて早急に準備を始める必要があり、募集要項の概要を早くも決定する必要があった。コンペの告知についても時間がなかった。普通は海外の建築雑誌に案内を出すが、「1カ月以上かかる。スピードから言うと（間に）合わない」（安藤さん）。時間の余裕がないため、安藤さん個人のつてを頼って、海外の有名建築家らに直接メールを送るドタバタぶりだった。

こうした短期間での審査の実施は、後に問題の一因として指摘されることになる。

第4回「施設建築」ワーキンググループ〜第2回有識者会議
――2012年7月13日

「まさに世界に誇れる国家プロジェクト」

1カ月後の7月13日午後、4回目の会合が開かれ、前回の議論を受けて、国際デザインコンペの募集要項がまとまった。引き続いて30分後に開かれた第2回の有識者会議では、これまでのワーキンググループの検討結果が報告された。

「文化」ワーキンググループの座長を務めた都倉俊一さんは胸を張った。

「このたびの国立競技場、神宮の森のど真ん中、東京都のど真ん中にございまして、こんな立地条件は、多分、世界の主だった競技場の中でも数少ないのではないかと思っております。(中略）青山劇場、赤坂から渋谷まで、この国立競技場を中心とした一大エンターテインメント拠点になれば、これは、世界から大変注目され、(中略）ブロードウェイを超えるような地域開発になればという、非常に乱暴な夢も描いている」

「ブロードウェイを超える」とは、さすがに冗談めかした発言だろう。だが、ほかの委員からも、「まさに国家プロジェクトとして世界に誇れ、世界があこがれる次世代型のスタジアムを目指す」「日本がソフトパワー立国として再生していくための起爆剤」などと、検討結果を称賛する声が続いた。

五輪の招致レースを念頭に置いて、「まさにメインスタジアムは東京（五輪）２０２０年の計画の中心になると思います（中略）ＩＯＣの最後の票に結びついてくる」という意見もあった。

有識者会議発足からわずか４カ月、最終的に29万平方メートルの新国立案やそれに基づくコンペの募集要項はあっさり承認され、ＪＳＣはこの１週間後、コンペの実施を公表することになる。

建設費が空欄という重大な欠陥

だが、この日の議論には、非常に重大な欠陥があった。建設費の問題だ。

有識者会議の委員が全会一致で承認したコンペの募集要項。この中では、新国立に求められる設備や規模、立地場所などデザインに当たっての条件がまとめられている。21ページの「工事費概算」の項では「総工事費は、　　億円程度を見込んでいる」とあった。建設費の見込み額が空欄になっていたのだ。

建設費について何の議論もないどころか、具体的な金額すら提示されないまま、この要項を承認していたということだろうか。安倍晋三首相が計画の白紙撤回を表明した2015年夏以降、計画の検証を進めた自民党の行政改革推進本部は、この空欄の建設費を資料の中から見つけ出し、「コスト管理の意識が不十分だった」と問題視した。

この点について私が問い合わせると、JSC側は「1300億円という数字は会合の直前に決まったので、印刷が間に合わなかっただけ。会議ではその旨を委員に説明して了解を得ている」と回答した。

だが、議事録を読んでも、そうしたやりとりは一切見当たらない。ただ、募集要項の内容について佐藤禎一委員長が、「今、最終調整の段階にございます。私と河野理事長にご一任いただきますと大変ありがたい」と呼びかけ、了承を得る場面があった。これがJSCの言う「説明」の場面だろうか。だとしても、これだけでは、やはりコストについて十分に議論したとは言えないだろう。私たちは、この後、2520億円にまで膨らんだ建設費が、白紙撤回の要因になることを知っている。今あらためて議事録を読むと、当時のコスト意識の希薄さに疑問を感じずにはいられない。

そもそも建設費をめぐる議論は極めて低調だった。というよりもほとんど行われていなかった。議事録をさかのぼって調べていくと、5月に開かれた第2回の「施設建築」ワーキンググループで、こんなやりとりがあった。

有識者会議の委員として出席していた遠藤利明衆院議員（後に五輪担当大臣）が、「明日スポーツ議員連盟で財源の問題を議論します。財源としてサッカーくじの活用をどうしていくかということもあります」と切り出した。超党派のスポーツ議員連盟が、新国立建設の乏しい財源を埋めるために、「サッカーくじ」（スポーツ振興くじ、ｔｏｔｏ）の売り上げを回せないか検討するという趣旨だ。実際にこの1年後、スポーツ議連による議員立法で法改正が行われ、売り上げの5％が新国立の事業費に充てられるようになるのだが、遠藤氏は続けて、「だいたいどの程度の金額でこのような建物になるのか」と、建設費の見込み額を尋ねた。

これに対し、ＪＳＣの藤原誠理事は、「１０００億円のイメージを持っていますが、（中略）１０００億円というのは、前回２０１６年オリンピックの東京の立候補時の提案で、１０００億円かかるとされていたものです。まだ、具体的な積算はもっていませんので、今後、詰めていきたいと考えており、少し時間をいただきたい」と述べるにとどまった。

一連の有識者会議、ワーキンググループを振り返っても、建設費についてのやりとりはこれくらいである。

書き込まれた「1300億円」の甘い根拠

国際デザインコンペの実施が公表された２０１２年7月20日、募集要項で空欄になっていた建設費の見込み額は、「1300億円」と書き込まれていた。その根拠は、国内最大規模の日産スタジアム（7万2000人収容、建設費約600億円）を下敷きに、開閉式屋根や可動席など新国立独自の設備や、規模を勘案したという。JSC幹部は当時を振り返って「世界的にも有数の設備、規模であり、試算が難しかったということはあるが、今考えるとやはりコスト意識は甘かった」と認める。

ここまでの議論を振り返って感じるのは、新国立への強すぎるほどの強い期待が、わずかに生じていた計画への懸念をも飲み込んだということだ。安藤忠雄さんらは確かに問題点を指摘したが、全体からするとほんの一部。しかもその後の議論を見る限り、そうした点は真剣に検討されたとは言えそうもない。それはコストをめぐる議論の不十分さを見てもよく分かる。

そして、まるで陳情合戦のように「あれもこれも」とスポーツ界や興行界などから上がる設備要望の数々を、JSCや有識者会議は、整理することもなく無批判に受け入れた。最終的に128項目にも膨れ上がることになる大量の要望に対して、「全部単純に足していくと規模的に不可能」などと建築家から悲鳴が上がった場面（第2回「施設建築」ワーキンググループ）は、この間の議論の経緯を象徴的に示している。そのスペックはてんこ盛りを通り越して、全部入りの状態になった。

新国立競技場が五輪史上最大の規模になるのは、当然の結果だった。3年後の2015年、計画が白紙撤回される原因の一端は、確かにここまでの議論の中に見てとれた。

国際デザインコンペ募集開始——2012年7月20日

著名な建築家しか応募できない参加資格

2012年7月20日、有識者会議で決定した募集要項に基づいて、国際デザインコンペの募集が始まった。だが、9月10日の募集締め切りまでわずか2カ月足らずしかないだけでなく、応募資格にも厳しい制限が付されるなど、当初から異例ずくめのコンペだった。

「厳しい制限」とは、建築界のノーベル賞と呼ばれる「プリツカー賞」など国際的に著名な建築賞の受賞者であるか、もしくは1万5000人以上収容のスタジアム設計の経験者に限られていたことを指す。これでは、かなりの実績を持つ建築家に対象が限られてしまう。たとえ有望な若手であっても、キャリアがなければ最初からチャンスの芽はないということになり、「厳しすぎる」と、後に建築界からも疑問視する声が上がったほどだ。

これは、コンペの準備期間が極めて短かったことの弊害だと思われる。告知の時間が十分に取れなかったため、安藤さん自らが、有名建築家らに直接メールを送って応募を呼びかけているが、コンペの参加資格を厳しく制限することで、事前の「足切り」効果を期待したのだと思う。

また、この方法だと応募できるのが著名な建築家ばかりになってしまうため、「コンペに箔を付けるためだ」といった批判も、後に出ることになった。

建築評論家の飯島洋一さんは著書『「らしい」建築批判』(青土社)の中で、コンペの背景にある、建築界の風潮を読み解いた。

「一部の世界的な建築家たちについては、いまや彼らの建築的なフォルムだけでなくて、その建築家の持つ名前の威力が、世界市場で巨大なブランド価値になっているのである。施主たちはその建築家の建築そのものでなく、その建築家の名前の威力、つまりあの有名な建築家がつくったというブランドを、たとえ高額でもいいから是非とも買い取りたい。(中略)たとえばプラダのロゴがついてさえいれば、それがたとえ気に入らないデザインであっても、それだけでその商品が如何にも高級そうなものに思えて安心する心理と、これはよく似ている」

実際に、その後のコンペの審査の過程などを見ると、選考に当たっては「五輪招致のためのインパクト」がかなり重視された。これを踏まえると、作品の内容以前に、著名建築家の作品であるというだけで、五輪招致のアピール材料としては効いてくるかもしれない。ただ、関係者の中にそこまでの思惑があったかどうかは定かではない。

こうしたいきさつがありつつも、締め切りまでに国内外から46点の応募があった。選考に当たった審査員は10人。安藤忠雄さんを審査委員長に、「施設建築」ワーキンググループのメンバーを務めた建築家4人、「スポーツ」ワーキンググループの座長を務めた小倉純二日本サッカー協会名誉会長、「文化」ワーキンググループ座長の都倉俊一さん、ＪＳＣの河野一郎理事長。そして、パリのポンピドーセンターを設計したリチャード・ロジャースさん、香港上海銀行、ロンドン市庁舎などで知られるノーマン・フォスターさんという、世界的に著名な２人の英国人建築家も名を連ねた。

国際デザインコンペ1次審査
——２０１２年10月16日

予備審査のトップはザハ・ハディドさん

２０１２年10月16日、東京・秋葉原の会議室で1次審査が開かれた。各審査員は事前に、応募された全ての作品をチェックし、推薦する作品を決める予備審査を行っていた。この時、推薦作品の数は限定されず、一人でいくつ推薦してもいいことになっていた。

推薦のトップは、８票を集めたザハ・ハディドさんが代表を務める建築事務所「ザハ・ハディドアーキテクツ」。２位は、世界中で活躍する日本人建築家、妹島和世さんと西沢立衛さんの事務所「ＳＡＮＡＡ（サナー）」と日建設計のグループの７票。３位には、スタジアム設計の実績が豊富なオーストラリアの「コックス・アーキテクチャー」など４者が５票で並んだ。以下、４票、３票、２票……と続き、１票も入らなかった作品も18点あった。

冒頭、ＪＳＣの河野一郎理事長が、こうした推薦結果をまとめた一覧表を示し、「この中から10作品を選ぶことになります。まず、推薦を受けていない作品については、（中略）今日の対象から外すということでよろしいでしょうか」と問いかけた。

０票の18作品はこの段階で、早々に脱落することになった。残りは28作品である。

続いて河野理事長は、「過半数の５票以上を獲得している作品は、この後議論がいろいろあったとしても残ると思いますので、この６作品は候補として取り扱いたいと思います」と述べた。トップ評価を受けたハディドさんを含む６作品が決まり、残り22作品から４作品を選ぶことになった。議事録を読む限り、ここまで数分くらいの出来事だろう。

さらに河野理事長は「残り22作品について（中略）一人の推薦しか受けていない作品についてどうするかということです。複数の方から推薦をいただいている作品を対象とするというのも１つの案かと思います」と提案し、安藤忠雄審査委員長から「結構です」と承認を得た。22作品のうち、４票を得たのは２作品、３票は５作品、２票は８作品、１票は７作品。この、１

票しか得られなかった7作品を落とし、2票以上を得た計15作品から4作品を選ぶというわけだ。

「技術調査」を元に11作品に絞り込む

ここまでは、予備審査の結果に沿って機械的に取捨選択したと言える。だが、ここからは推薦票が同数の中から、作品をより分けていかなければならない。どう選ぶのだろうか。ある委員から「技術的に全く無理というか、技術的に難しいものは除いた方がいいのではないでしょうか」と提案があった。

審査の始まる前の段階で、JSCは各応募作が本当に建設できるのかをチェックする「技術調査」を行っていた。主な目的は2点。作品の実現性を見極めることが一つ、もう一つが、募集要項の条件を満たしているかどうかを確認することだった。調査には、東京工業大名誉教授で構造設計が専門の日本建築学会会長の和田章さんを中心に、空調や音響、都市計画、防災計画などの専門家計10人が当たった。調査項目は大別して16項目あり、その一つ一つに「○×△」の3段階で評価した。

この日の審査では、この技術調査を元に、「構造的に難しい」「工期が『×』な作品はかなり実現が厳しい」などと、作品を振り落としていった。一方で、安藤さんから、「コスト的にも技術的にも大変難しいけれども、10案の中には1つ、もうとんでもない作品があってもいい。(中略)実現可能性は低いと思いますが、同じような10作品で競争するよりも、1つ奇抜な作品があっていい」という提案もあった。これに応じるように、各委員から、デザインや、音響照明設備などの面で推す作品が次々と上がり、残り4作品は決まっていった。

会議の最終盤、河野理事長が、「ところで、技術審査で全部○だった作品が1つだけありますよ」と述べ、全16項目で唯一満点を獲得した伊東豊雄さんの作品も2次審査に進むことになった。伊東さんはやはり日本を代表する建築家であり、東日本大震災後は被災地支援に取りくんでいることでも知られる。被災者が交流できる憩いの場「みんなの家」プロジェクトの活動を紹介した現代建築の国際展「ベネチア・ビエンナーレ建築展」では、見事に金獅子賞を獲得している。

工期、コスト、技術的難しさは評価されていたのか

さて、こうして46作品から2次審査に進む11作品が絞り込まれた。ここまでの議論で私が気になったのは、「技術調査」の結果だった。工期やコスト、技術的な難しさが後々、問題になることを考えれば、この段階でそうした点について、いったいどんな評価が行われていたのかは気になった。もちろん構想段階にすぎないデザインコンペの提出資料では、情報が限られて

いて正確な判断を下すのは難しいかもしれない。だが、日本を代表するような構造設計や建築のプロたちが、いったいどのような判断を下していたのかはやはり興味があった。

結論から言うと、ザハ・ハディドさんは16項目中、○が7、△が9で、×はゼロだった。私が開示請求で得た関連の説明資料によると、○は「実現可能」、△は「設計段階で重大な調整が必要」、×は「明らかに実現不可能」の意味だった。つまり、「重大な調整」が後々必要になる可能性が随所に潜んでいるとはいえ、明らかに無理だと判断されるような問題点はなかったということになる。懸案となる「事業費」は○。「施工性や工期」は△だったが、「実施設計完了前に建設工事着手の提案」などと理由が記されており、手続き上の懸念を指摘しているらしかった。

事前審査で高評価を受けたサナー、コックスはともに○が10、△が6。「事業費」が○、「施工性や工期」が△というのも同じだった。

和田章さんはこの日の会合で、技術調査についてこう述べている。「あまりわれわれが最初から厳しく書くべきではないという共通認識の元で作業したので、実際に建てる段階になれば、構造は少し変わるかもしれません。安藤（忠雄）先生がおっしゃるように、小さなスケールなら可能でも、大きなスケールでは難しいことはあります。カマキリやバッタは細い足でも十分なのに、ゾウは何であんな太い足が必要なのか」。この言葉通り、小さなスケールでは問題ないと判断したのに、後々、実際に建設する段階で、問題が露呈してしまうことになる。

国際デザインコンペ2次審査
――2012年11月7日

一度も出席しなかった英国の大物建築家

1カ月後の11月7日午前、国立競技場にほど近い北青山の会議室で2次審査は始まった。終了予定の4時間半後には当選作品が決まっている、大事な会議である。冒頭、安藤忠雄審査委員長は、「本日、（中略）1等、2等、3等をしっかり決めたいと考えております」と宣言した。

この日の審査が始まるまでに、各審査員はそれぞれ1〜3位にふさわしいと思う作品を考え、用紙に書き込んで事務局に提出していた。その結果について、説明を始めたJSCの河野一郎理事長はまず、「リチャード・ロジャース委員とノーマン・フォスター委員には事前に評価をいただいて（いる）」と切り出した。つまり、審査員に名を連ねた海外の大物建築家2人は、この日の審査には出席しないということだった。いや、実は先の1次審査にも加わっていなかった。彼ら2人に課せられた審査員としての仕事は、1次審査の結果、絞られた11作品の資料を読み、日本からやってきたJSC職員らの説明を聞いて、1〜3位の評価をして用紙に記す、ということだった。来日すらしていない。

少し脇道にそれるが、この点については後々、コンペ参加者からも批判が上がることになるので、指摘しておきたい。2次審査に残った11作品の一つを手掛けた建築家の渡辺邦夫さんは、「コンペの審査は審査員同士のディスカッションが最も重要で、審査会に直接、出席しないのは、審査のあり方として120％あり得ない」と、極めて強い口調で批判した。渡辺さんは構造設計が専門のベテランで、幕張メッセや東京国際フォーラムの設計に関わるなど、キャリアも豊富だ。

渡辺さんによると、ディスカッションを通じて、審査員の考えがガラリと変わるのはよくあることで、お互いの意見をぶつけ合っていく過程こそが、審査の最も重要な要素なのだという。一方で、コンペに応募する側は、「審査員の顔触れを見て『この人なら』と思って参加を決める」という。つまり、審査員が誰かは応募する側にとって非常に重要で、今回の場合、渡辺さんは、英国の2人が審査員じゃないなら参加しなかった、というのだ。

審査員の顔触れの重要性については、確かに別の建築家からも聞いたことがあった。落選したものの東京都庁のコンペで大きな注目を集めた建築家の磯崎新さんは、別件で取材した際、「俺なんか、コンペの要項をもらったら真っ先に審査員を確認するよ」と話していた。要項には、応募にあたってのいろいろな条件が記載されているが、磯崎さんにとっては、何よりも審査員の顔触れが最も重要な条件、ということだった。
今回、審査員とされた人が直接的に審査に参加しなかったことが、審査の内容にどれほど具体的な影響を与えたかは分からない。だが、これも批判を浴びたコンペの一つの側面である。

ハディドさん、サナー、コックスをめぐり割れる賛否

2次審査に戻ろう。各委員が順位づけの結果を自ら報告し、英国人2人については事務方から報告された。圧倒的に多く名前が挙がったのは、ザハ・ハディドさん、サナー、コックスの3作品だった。1次審査のトップ3と同じである。1位票で比べると①コックス4票、②ハディドさん、サナー2票ずつ、だった。投票数は全10票なので、うち8票がこの3作に集中したことになる。

ここで「コンペは、点数で決めると皆が2位だと思った作品が1位になることもあり、集計だけで決定するのはよくないと思います」と、議論の継続を求める意見が、ある委員から出された。渡辺邦夫さんの主張を裏づけるような発言だが、これを受けて、意見交換を継続することになった。各委員が3作品の長所短所を指摘していくのだが、やはり評価は拮抗し、賛否は割れてしまう。

ハディドさんの作品は、何と言ってもそのデザイン性が評価された。「強烈な、際だったユ

ニークなデザイン、オリンピックスタジアムにふさわしい」「これだけ外見的に強烈な印象を与える作品は他にありませんし、最初の段階では断トツだ」といった意見だ。さらに「この建物ができれば、シドニーのオペラハウスが街を変えたように、東京の街を変えるようなインパクトを持っているのではないか」という声も飛び出た。オペラハウスは完成後、その独創的な形状で、あっという間にオーストラリアのシンボルになった。1973年完成と極めて新しい建築物でありながら、2007年、史上最も若い世界遺産に指定された。

さらにこの発言者は続けて、巨大なアーチ構造についても言及した。「1964年の東京オリンピック時の丹下氏の屋内プールの構造を発展させたような感じがあり、丹下氏に対するオマージュとも読める」。戦後の日本を代表する名建築家、丹下健三さんが設計した国立代々木競技場は、前回の東京五輪時は水泳競技の会場として使用された。2本の柱から屋根をつり下げる「つり屋根構造」が印象的な、名建築物である。

オペラハウスに丹下健三さん。これは最大級の賛辞と言えた。確かに私が見てもその形状は他の追随を許さないシンボリックなもので、魅力的に思える。それが良いことか悪いことかは別として、完成すれば東京を代表する建築物になり、東京の都市風景を変える可能性を持っていたことは、間違いなかっただろう。

一方、否定的な意見は、そのダイナミックなデザインと背中合わせの複雑な構造に向けられた。まさにもろ刃の剣である。

批判の一つは、スタジアムから伸びるスロープが、建設敷地のすぐ北側を走る首都高速道路やJR中央線の線路をまたいで、その向こうまで伸びていた点だった。「手続き上の問題も相当大変で不可能に近い」と指摘された。これは、コンペの募集要項で定められた「敷地」の条件も大きく飛び越える内容だった。

JR東日本によると、線路をまたいで通路などを造る場合は、列車の運行を妨げないようJRと綿密な計画を練る必要がある。同社の担当者は私の取材に対し、「一般論だが、工事時間帯も終電後の夜間に限られる。不可能ではないかもしれないが、完成までかなり時間がかかる」と話した。首都高の場合も同様で、2019年3月完成のスケジュールを考えると、このデザイン通りにスロープを設置することは事実上、不可能だった。

巨大アーチについても「橋梁技術を使えば、十分可能だと思うが、かなりコストはかかるという懸念はある」と指摘された。

このアーチは、後に野放図に膨らんだコストの一因として批判されることになるから、これは鋭い指摘だったと言えるかもしれない。建築の世界では、アーチ構造自体はいたって一般的で、河川にかかる橋のほか、今回の新国立競技場と同様、スタジアム建築でも使われている。

では、今回のアーチと、それらの何が違うのかと言えば、規模である。五輪史上最大のスタジアムとなってしまったがために、その分、アーチも巨大化してしまった。詳細は後に述べるが、大きければその分鉄骨量は増え、構造上も建設が難しくなる。1次審査の終盤で和田章さんが述べたように、「カマキリやバッタは細い足でも十分なのに、ゾウは何であんな太い足が必要なのか」という状況が起こることが懸念されたのだ。

景観上の問題点も指摘された。当日の議論の中では見当たらないが、委員から事前に提出された資料では「特異な形態なので、賛否が巻き起こるだろう。神宮外苑全体の景観としては、異物が挿入された感は否めない」と、そのものズバリを指摘するコメントがあった。

残り2つの作品の評価についても簡単に触れておきたい。

コックスは完成度の高さが評価される一方、オリジナリティーに欠けると言われた。「強烈なデザインメッセージというよりは、むしろ完成度の高い作品のような感じがしました。我が国の国立競技場、ナショナルミュージアムという意味での売りの強化があるといい」という発言が端的にその評価を示している。

サナーは、ハディドさんのパワフルなイメージとは正反対の柔らかい優しい印象のデザインが評価されたが、一方でやはり実現性に疑問符が付いた。「自然との親和性に近いようなイメージで、我が国の成熟した国家としての国立競技場という意味で共感できる。（中略）ただ、パース（図面）はかなり細部を飛ばして描かれているようで、本当にこのとおり軽やかに建設できるかという点で危惧を持っています」といった指摘だ。

再投票の後、安藤委員長への一任で決定

各委員から意見が出尽くしたところを見計らうようにして、JSCの河野一郎理事長が、「委員長のご判断をお願いします」と呼びかけた。これを受けて安藤忠雄審査委員長は、「もう1回、無記名で投票しましょう」と提案した。ハディドさん、コックス、サナーの上位3作に対象を絞り、先ほどと同様、それぞれ1位、2位、3位を付けて投票するのである。出席していない外国人建築家の2人については、当初の評価をそのまま加算することを決め、あらためて投票用紙が各委員に配られた。

投票結果はほどなくして出た。「突出して1位という作品は出ませんでした」。河野理事長は短い言葉で告げた。各委員の評価はやはり割れたままだった。

1位票を最も多く獲得したのは、①ハディドさんの4票、続いて、②サナー、コックスが3票ずつとなった。

議事録に付されていた当時の会議資料の中に、1枚の手書きの表があった。再投票の結果をまとめたものだ。再投票は予定外だったから、即席で作ったのだろう。そこでは、1位票を3点、2位票を2点、3位票を1点としてポイント化し、得点を集計していた。1位票と同様、

2位票、3位票も票数は割れていた。だが、合計得点の欄を見ると、3作とも19点で並んでいた。まさに横一線の状況だった。

この結果を受けて、安藤忠雄審査委員長は、「1位と2位を決めたほうがいいと思います。私は、2番（コックス）は非常に安全だと思いますが、形態として、ただ大きいものがこの場所に来るのがいいことなのかどうか。17番（ハディドさん）はものすごくシンボリックで、あの競技場おもしろいなと思う」と、所感を述べた。ハディドさんについてはさらに、「このような建築を造ることが多い建築家です。だけど、こんな巨大なものは見たことがありません。それだけ強いインパクトがあります」と評価した。一方で、コックスについては「機能的には（中略）一番よく納まっていると思います。ただ、少し平凡な感じもします」と指摘。サナーについては論評しなかった。

口ぶりからは1位をハディドさん、2位をコックスと考えているように感じた。

「ここで、一度休憩をしてはいかがでしょうか」との声が上がり、ひと息入れることになった。

再開後、ほどなくしてＪＳＣの河野一郎理事長が、「それでは、安藤委員長にまとめていただきたいと思います」と水を向けた。事態はここから一気に動き始める。

安藤さんは次のように語り始めた。

「先ほどの点数表では、2番（コックス）、17番（ハディドさん）、34番（サナー）が同じ点数になっている。ここで検討しなければなりません。そのときに、日本が世界に発信する力というイメージを皆さんとお話しして決めたいと思います。技術的な問題と機能的な問題等、この施設がどのように使われていくかということも含めてです。どの案にしても、設計者と相当議論しなければならないでしょう。（中略）例えば高さの問題等も含めて、景観の問題をしっかり考えなければなりませんので、どの案にしても相当の修正が要るだろうと思います。1位を発表するときに、委員会の意見をしっかり決めておかないといけないのではないか。曖昧にするのではなく、この案が絶対的なのだというところからスタートしないと、中途半端なことになってしまいます。今まで長い間、委員の皆さんと議論をしてきましたから、このチームできっちりと責任を取るということが必要だと思っています。この中ですと、圧倒的に2番（コックス）か17番（ハディドさん）なのでしょうから、2番か17番を決めましょう」

私は、よく分からなかった。なぜ、コックスとハディドさんのどちらかが圧倒的なのか。なぜサナーを外したのか。3作は同点だったはずだ。あらためて安藤さんのこの発言を読み返したが、その理由はやはり、どこにも触れられていない。

委員からは、「もし議論で決まらないなら、委員長の判断で決定でしょうか」「コンペの審査で票が割れたときは、委員長の1票は、2票か3票の重みがあると判断すべきかと思いますが、いかがでしょうか」との声が上がる。安藤さんの意見に従うだけでなく、ハディドさんとコックスのどちらを選ぶかの判断までも委ねる、というように読めた。

これを受けて安藤さんは言った。「私は、日本の技術力のチャレンジという精神から17番（ハディドさん）がいいと思います」。他の委員から「賛成」の声が上がった。ハディドさんが当選案に決まった瞬間だった。その後、安藤さんの意向に沿って、2位をコックス、3位をサナーとすることも決まった。

「審査は拙速だったと言われても仕方ない」

休憩後になって急にドタドタと議論が展開した。膠着《こうちゃく》状態から急転直下と言っていい、決まり方だった。ただ、審査委員長一任の形で、安藤忠雄さんがハディドさんを選んだことは間違いなかった。安藤さんは最終決断を下す前の段階から、ハディドさんの稀有なデザイン性を評価していた。明確な理由は示していないが、おそらくそのデザインが決め手になったのだろうと、想像はできた。

ただ、疑問が消えた訳ではない。ハディドさんの案は、スロープが首都高速道路やJRの線路をまたぐなど、敷地をオーバーしていたことは先に見た。実はさらに応募案はスタジアムの高さを最も高いところで80メートルとしてあり、やはり条件の高さ70メートルをオーバーしていた。公募条件を定めた募集要項では、「要項に反するもの」は審査対象から除外し、入賞後でも取り消すことができる、とある。

こうした点をはじめ、コストや景観への影響など、後にクローズアップされることになる懸念を、指摘する声も出ていた。こうした懸念はどうなったのだろう。はたから見ていると、少し乱暴に思えるくらいあっけない幕切れだった。

議事録を入手した当時、この審査の経緯について、何人かの委員にコメントを求めた。そのうち、岸井隆幸日大教授は、一般論と前置きした上で、「議論を尽くして決まらない場合に、議長（委員長）がその役割を果たさなければならないことはそれほど不自然なことではない」と、メールで回答を寄せてくれた。一方で、岸井さんと同じく審査員を務めた内藤廣東大名誉教授は、2014年10月、東京都内で開かれた日本建築学会のシンポジウムで、一連のコンペのあり方について、「時間のない中で『早急に』と言われて審査した。本来はこんなふうにやるべきではないと思いながら巻き込まれたのは自分の責任。審査は拙速だったと言われても仕方ない」と、後悔の念を露《あらわ》にしている。

議論の経緯も懸念も隠して「全会一致」と発表

これがハディドさんのデザインが当選した経緯だ。だが、この直後に、聞き捨てならないやりとりがあった。

JSCの河野一郎理事長が、「それでは、委員長発言のとおり、17番（ハディドさん）、2番（コックス）、34番（サナー）の順位とします。17番については、強いメッセージ性と、日本の技術力を世界に示すことができることが強みというお話でよろしいでしょうか」と問いかけた後、こう言った。

「発表の方法と、どの絵をどのように使うかということは少し工夫が必要かと思います」「いろいろ懸念が先に出てきてしまい、本来的に我々が意図しない方向に行ってしまうのは避けたいと思います」

安藤さんが付け加えるように言った。

「発表の仕方としては強いインパクトを持ってこれを推すんだと言わないと、このプロジェクトに1300億円もかかることもあり、この委員会でも少しでも揺れたことで、ネガティブに受け取られるのは本意ではありません」

つまり、一連の議論の経緯を表に出さない、ということだろう。さらに公表の方法についての議論は続いた。

河野理事長「施主としては、首都高速と鉄道をまたぐのは無理だと考えています」

安藤さん「後で（ハディドさんに）電話して、（変更の）確認をもらいましょう」

河野理事長「17番（ハディドさん）も2番（コックス）も34番（サナー）も、それぞれ懸念があります。少なくとも1位となる17番については、指摘部分の変更を条件としてよろしいでしょうか」
安藤さん「よろしい」
ある委員「世の中には、変更した状態で発表するのでしょうか」
安藤さん「変更した状態の方がいいと思います」
河野理事長「そのほうがいいと思います」
当時、既にザハ・ハディドさんのデザインのイメージ図は公表されていた。1次審査の終了後、2次審査に進んだ11作品の情報を、一括してプレスリリースしていたのだ。もちろんそのイメージ図の中には、首都高とJRをまたいだ図もあった。だが、その図はこの2次審査後に消え、修正された図に差し替えられることになる。
国際デザインコンペの2次審査はこれで終わった。1週間後には記者会見を開いて、審査委員会からハディドさんの当選が公表された。安藤忠雄さんはその席上、「全会一致で決まった」と胸を張ったのである。
なぜ、議論が白熱したことを隠さなければいけないのか。理解できなかった。公募条件の逸脱もどうして隠す必要があるのか。河野理事長自身、「それぞれ懸念があります」と認めている。その論理に沿えば、条件破りの疑いは、ハディドさんだけでなく3者ともに存在するとい

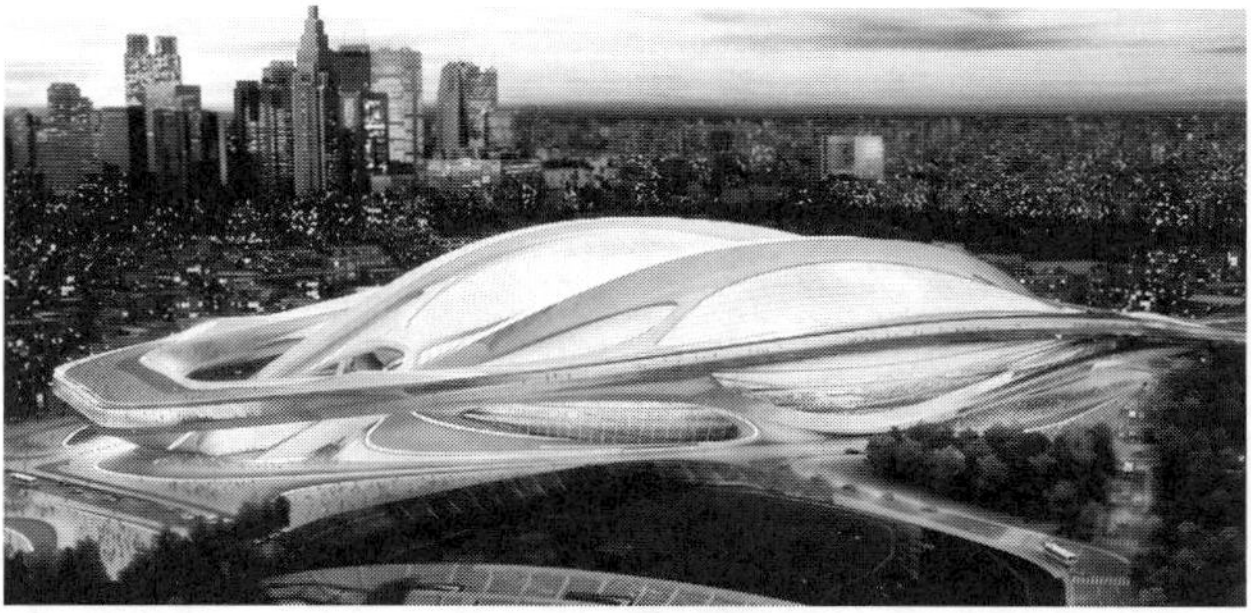

国際デザインコンペで当選した当初の新国立競技場のイメージ図（日本スポーツ振興センター提供）

うことだろう。それぞれにマイナス点があったことまで含めて、正直に国民に説明すればよいだけではないか。何よりも、事実を隠そうとする姿勢に違和感を覚えた。

笑えない冗談みたいな話だが、ＪＳＣが当時から開設していた国際デザインコンペのホームページに、こんなメッセージが掲載されている。一部を抜粋する。

「世界最高のパフォーマンス。世界最高のキャパシティ。世界最高のホスピタリティ。そのスタジアムは、日本にある。

『いちばん』のスタジアムをゴールイメージにする。

だから、創り方も新しくなくてはならない。

私たちは、新しい国立競技場のデザイン・コンクールの実施を世界に向けて発表した。

そのプロセスには、市民誰もが参加できるようにしたい。

専門家と一緒に、ほんとに、みんなでつくりあげていく。

『建物』ではなく『コミュニケーション』。

そう。まるで、日本中を巻き込む『祝祭』のように
「そのプロセスには、市民誰もが参加できるようにしたい。専門家と一緒に、ほんとに、みんなでつくりあげていく」と彼らは言う。このホームページのメッセージは、やっぱり少しも笑えない。

第3回有識者会議
――2012年11月15日

デザインと技術力で日本の国力をアピール

ザハ・ハディドさんを当選者とすることが決まった2次審査の8日後の2012年11月15日、その結果を確認する目的で、第3回の有識者会議が東京・半蔵門のホテルで開かれた。

私が入手した議事録からJSCが特定の発言を削除していたことは、先に見た。それがこの日の有識者会議である。

冒頭、コンペの結果報告という形で、安藤忠雄審査委員長がハディドさんを選んだ理由を説明していく。

「都市のシンボルとして日本の国が21世紀、ちょうど1964年のオリンピックのときに、今

の代々木の体育館を見て多くの人たちが驚きますが、世界中の人たちが日本の国はすごいと。あの国は1945年の敗戦の後、これだけのものを立ち上げてきたんだということについて感動したわけでありますけれども、現代の日本というのは少し沈滞をしております。この中で建物をつくることによって、1964年のオリンピックのころのような、いわゆる躍動感にあふれた日本の国を表現できるのではないかということを考えまして、この案にいたしました」

一方で、こうも述べた。

「この建築はかなりスケールが大きいのと同時に、技術的な問題もたくさんあります。そのような問題を解決できるのは日本の国の土木建築技術でしかなかなかつくり得ないようなところがたくさんありまして、そういう意味では日本の建築技術、土木技術、そして日本の技術力というものを世界にアピールするという意味でも非常に（良い）」

巨大で複雑な構造を持つことを認めつつ、逆にそれが評価の理由になった、ということである。「躍動感にあふれた日本の国を表現する」という選考の理由と同様、日本の国力をPRする、そのシンボルとしての意味が、新国立競技場に込められていたことが分かる。

そして最後に、「かなり討議はありましたけれども全員一致で、このすばらしい案を推していこうではないかということで決定をいたしました」と結んだ。

他の委員からも賛辞の声が上がった。「何といってもこの圧倒的な存在感と、そして神宮の森にそびえ立ったときのこの美しさ（中略）ある意味では日本のシンボルみたいな建物になるのではなかろうか」（作曲家の都倉俊一さん）、「(応募46作品の中でも）ほんとうに躍動感があって、斬新なデザイン、また、インパクトが非常に強かった（中略）２０２０年、東京オリンピック招致がもし決まって、このスタジアムがメーンスタジアムとして世界に発信できたら、ほんとうにこのオリンピックのシンボルとしてすばらしいものになる」（日本オリンピック委員会の竹田恆和会長）……。

唯一、批判的な意見を述べたのが森元首相だった。ハディドさんのデザインを「神宮のところに宇宙から何かが降りてきたっていう感じ」と述べ、コンペで2位になったコックスの方を評価していた。だが、こうした異論を、ＪＳＣは議事録から削除していたわけである。

ザハ・ハディドさんという建築家

「アンビルト（建築されない）女王」の称号

さて、デザインコンペで最優秀案に選ばれたザハ・ハディドさんとは、いったいどんな建築家なのか。ここであらためて紹介しておきたい。

ハディドさんは１９５０年、イラクの首都、バグダッドに生まれた。比較的裕福な政治家の家庭に育ち、レバノン・ベイルートのアメリカン大学では数学を学んだ。その後、イラク国内の政情不安を避けるため家族で英国へ移住し、建築を学び始める。英国建築協会付属建築学校（AAスクール）を首席で卒業すると、1979年、ロンドンに自身の設計事務所を設立した。

その独立後間もない1983年、いきなり脚光を浴びることになった。香港のビクトリア・ピーク山頂の高級レジャー施設「ザ・ピーク」の国際コンペで、500以上の応募作の中から1位に選ばれたのだ。事業者の倒産で結局、この計画は実現しなかったが、鋭い無数の破片が折り重なったようなデザインは鮮烈な印象を放った。

この時、審査員の中で、ハディドさんを強く推したのは、日本人の磯崎新さんだった。磯崎さんは取材に対し、こう回想した。

「ザハの案は要項を完全に無視したデザインでした。だから、僕が審査に行く前の段階で条件違反で落とされていたんです。だけど選に残っている作品は、僕にはどれもピンとこなかった。何かおもしろい案がないかなと思って、ゴミの山をあさってザハの案を引っ張り出したんです。見たら、案としてはおもしろい。その時には、どうも資金難で実物に達しそうにないという話が既に聞こえてきていた。だから、プロモーターに『この案でいったら、コンペそのものが歴史に残るからいいじゃないか』と説得したんです。でもすぐにOKということにはならず、あの時は、いろいろ衝突してけんかになったたな」

何とも型破りなエピソードである。磯崎さんのその言葉通り、コンペは注目を浴び、ハディドさんの名は世界に知れ渡ることになった。

だが、この後10年ほどの間、ハディドさんの作品は、実際に建設されない時期が続くことになる。その理由は、当時の彼女が残した作品のドローイングを見れば分かる。躍動的で、色彩鮮やかで、建築物というよりも抽象的な絵画作品との印象を受ける。その高いデザイン性に、当時の施工技術が追いつかず、実際に建設するに至らなかったというわけだ。この時代、彼女は設計すれども実現せず、ということで「アンビルト（建築されない）の女王」「ペーパーアーキテクト（紙上の建築家）」などと、不名誉な称号で呼ばれてしまう。

見る人を驚かせ刺激するデザイン

初めての実作と言われるのが1993年、ドイツの「ヴィトラ社消防ステーション」だった。世界屈指のデザイン家具メーカーの工場敷地内にある消防ステーションの庁舎だが、まるで美術館のような洗練された外観をしている。

コンピューターによる解析や、施工技術の進歩により、90年代以降、近未来的なハディドさんのデザインが実現できるようになった。その後は世界中で次々と建築物を手がけるようになり、2004年、建築界のノーベル賞と言われるプリツカー賞を、女性で初めて受賞した。まだまだ男性中心と言われる建築界で、名実ともにトップランナーの女性建築家であり、しかも中東のイスラム圏の出身者ということで、注目度がさらに高まった面もあるかもしれない。

意外に思われるかもしれないが、日本との縁もある。建築物としてはヴィトラ社消防ステーションが初の実作に当たるが、キャリアで初めて実現したプロジェクトは、札幌にあったレストラン「ムーン・スーン」の内装のデザイン（1990年）と言われる。さらにそれに先立つ1980年代後半には、東京で「麻布十番のビル」「富ケ谷のビル」も設計した。この2つのビルはバブル経済の崩壊などで実現しなかったのだが、ハディドさんを最初に発掘したのが日本人の磯崎新さんだったことも含め、日本との関係は浅くはないのだ。

ハディドさんの事務所は、今や300〜400人のスタッフを抱えると言われ、世界でも有数の規模を誇る。既存の建築概念をひっくり返すような「脱構築主義」と呼ばれるそのデザインは、「これってどうやって造っているの」と見る人を驚かせ、想像力を刺激するような作品が多い。

世界で最も実績のある建築家の一人

デザインが独創的なあまり、批判を浴びてしまうのもその特徴と言える。たとえば、その外観が「女性器のようだ」などと話題になった、サッカーW杯カタール大会（2022年）のスタジアムや、「とぐろを巻いたヘビ」と揶揄された韓国・ソウルの複合文化施設「東大門デザインプラザ」などは、最近の代表例だ。このデザインプラザをめぐっては、景観への悪影響を問題視する韓国メディアの取材に、「なぜ今になってそんな質問をするのか。問題は（コンペで私を選んだ）政治家であって私ではない」と気色ばんだという。

新国立競技場をめぐっては、こうしたハディドさんに対して批判的な論調もあり、ハディドさんがトラブルメーカーであるといった誤解も生まれたように感じた。だが、彼女自身は世界で最も人気のある建築家の一人である。それはつまり、世界中のあちこちで建築物を造り、キャリアを重ねてきているということだ。「アンビルトの女王」と呼ばれたのは80年代の話であり、現在は世界で最も実績のある建築家の一人なのだ。

デザインに賛否があることは事実だろう。だが、これは嗜好の問題だから、嫌いと言う人がいれば好きと言う人もいる。建築批評家の五十嵐太郎東北大教授は、東大門デザインプラザを訪れた際の感想を、「このスケールでなければ味わえない建築体験だった」と話した。実際にソウルの新しい観光名所になっているという評価もある。

たとえば、彼女は2012年のロンドン五輪で、水泳会場となった「ロンドン・アクアティクス・センター」を設計しているが、途中で建設費が大幅にアップすることが発覚し、デザインを変更している。結局それでも最終的に建設費は当初の見積もりを大きく超えてしまうのだが、仮設席を多用し、五輪後には1万7500席から2500席にサイズダウンできるようにすることでコストの圧縮を試みた。

何が言いたいのかと言うと、発注者側がきちんと管理能力を発揮すれば、建築家はデザインの変更やコストの縮減に対してフレキシブルに応じる。発注者は、建築家にとってはつまりお客さんだから、これは当たり前と言えば当たり前の話だ。少なくともロンドンがやろうとしたことを、どうして日本はやろうとしなかったのか。新国立競技場の問題をザハ・ハディドさんだけに負わせることには違和感を覚える。

第3章　露呈する矛盾・暴走する計画

衝撃の「建設費3000億円」報道

槇文彦さんへの2013年9月23日付東京新聞のインタビュー記事はそれなりの反響があり、その後、ほとんどの全国紙も槇さんの論考を紙面で紹介した。2020年、五輪が東京にやってくるという高揚感の中で、新国立競技場に少なからず問題があるのではないか、そんな認識は少しずつ広まり始めた。

そんな時、目を疑うような記事が、2013年10月19日付の毎日新聞朝刊1面に掲載された。

「『新国立』最大3000億円　想定の2倍超、規模見直しへ」

記事では、新国立競技場の設計に当たっていた業者が、工費が3000億円に達するという試算をはじき、報告を受けた政府が計画の見直しを指示したことを報じていた。工費が予算の1300億円から2倍以上に膨らんだ理由としては「収容人数を増やすための大型化や独特のデザインの採用が響いた」とまとめていた。

この日はちょうど土曜日で、仕事が休みの日だった。早朝、会社から電話で記事について知らされた私は、他紙に出し抜かれて悔しいとか悲しいと思うより前に、「やっぱり槇さんの指摘は正しかったのか」と驚いたのを覚えている。

週が明けて10月23日。国会の参議院予算委員会で、この「3000億円」報道について事実確認を求められた下村博文文部科学相は、ザハ・ハディドさんのデザインを忠実に再現すると3000億円に達すると認め、「膨大な予算がかかる」として、規模を縮小する考えを明らかにした。

早速、槇さんや、槇さんに近い建築関係者に連絡をとると、先方もやや興奮気味だった。槇さんのエッセーが新聞各社で報道された後、フェイスブックなどインターネット上の交流サイトで次々に支持の声が上がり、賛同者を集めて連名で国に申し入れを行うことにしたというのだ。それに先立って、計画再考を求めるシンポジウムも都内で開かれていた。

10月11日に開催されたそのシンポジウムは、なかなかの熱気だった。会場は新国立競技場の建設敷地内に位置し、取り壊される予定になっていた日本青年館。傍聴者が次々と詰めかけ、開会の30分前には、全350席が埋まってしまった。立ち見も出たがそれでも人があふれ、近くでモニター中継した別の2会場も定員をオーバーした。

さらに11月7日、槇さんは文科省と東京都庁を訪れ、新国立競技場の規模の見直しを求める要望書を提出した。発起人や賛同者として、建築家の伊東豊雄さんや隈研吾さん、社会学者の中沢新一さん、美術評論家の高階秀爾さん、政治学者の御厨《みくりや》貴さんら各界を代表する有識者約100人が名を連ねていた。

「3000億円」という数字は、明らかにインパクトがあった。言葉で問題点を指摘するよりも、数字で示す方が明快だった。「いくら五輪でも3000億円は高すぎる」という雰囲気が世論に浸透してきていると、私も感じていた。

建設費1785億円――見直したのはコストだけ

この段階で国は、計画を見直す方針だけは明らかにしていたが、その内容については「検討中」として不明だった。槇さんらはこれに対して、景観やコストに悪い影響が出ないように、きっちりと規模を縮小してほしいと訴えていた。槇さんの訴えに対する支持の広がりを考えると、計画は良い方向に変わるのではないか、という予感がこの時はあった。

しかし、文科省や日本スポーツ振興センター（JSC）側に、槇さんらの主張を受け止めるつもりがないことが、ほどなくして分かった。

私はそれまで、文科省やJSCに取材した経験はほとんどなかった。内部でどんな見直しの検討をしているのか知りたかったが、親しい職員がいるわけでもなく、取材に苦労していた。やたらめったらいろいろなところに当たりまくった結果、先輩の記者に助けてもらい、見直し作業の様子を知る関係者に、運良くたどり着くことができた。

だが、取材に応じたその人の言葉は意外だった。まず、槇さんの主張は見直しの考慮には入っていないと断言した。3000億円に膨らんだ建設費について世論の批判が厳しく、政府は、とにかく建設費を落とすことだけを徹底しているらしかった。「建設費は原則として延べ床面積に応じて決まる。だから建設費を減らすために、少しでも面積を削っている」と言った。

私が「ではどれくらい削るつもりなのですか」と尋ねると、現行案と見直し案の大きさを比較した図面を見せながら、「2割ですね。求められている機能やデザインを維持したままでは、これが精一杯ですよ。槇さんの言う通りに規模を削ろうと思うと、デザインを大きく変えないといけない。スケジュールを考えるとそこまでは無理です」と、きっぱり言い切った。

槇さんは、ロンドン五輪のメーンスタジアムのように座席の一部を仮設席にして、閉幕後にサイズダウンすることも求めていたのだが、「それも無理」。結局、当初案にあった8万人の常設席、開閉式屋根、用途に応じて座席が自動で動く可動席の3点セットは維持し、計画の大枠は変えない、ということだった。

この回答に、私は不満だった。新国立競技場は元々29万平方メートルという超巨大サイズである。たとえ2割削るとしても、22万平方メートル余。これでもロンドン五輪のメーンスタジアムの2倍以上もあり、極めて大規模であることに変わりはない。景観への影響はもちろん、国が気にしているコストも十分に下がるのかどうか疑問だった。

2013年11月26日、JSCはおよそ1年ぶりに第4回の有識者会議を開き、事前に私が聞いていた通りの計画変更案を承認した。ただ一つ、意外だったのは、外観のデザインが思って

見直し後、白紙撤回直前までの新国立競技場のイメージ図（日本スポーツ振興センター提供）

いたより大きく変わっていたことだった。ザハ・ハディドさんらしい滑らかな流線形のイメージは一変しており、これもコスト削減の副産物か、と思った。

建築家の磯崎新さんは後にこの修正案に対し、「当初のダイナミズムがうせ、列島の水没を待つ亀のような鈍重な姿に失望した」「将来の東京は巨大な『粗大ゴミ』を抱えることになる」と痛烈に批判した。まだ駆け出しだったハディドさんの才能をいち早く見いだしたのが、磯崎さんだっただけに、この批判には驚いた。磯崎さんは修正前の当初案は「ザハらしいデザイン」として評価しており、つまり、外観は、それくらい一変してしまった。建設費は1785億円とされた。

この計画変更への反応はさまざまだった。

もちろん、私自身は釈然としなかった。先に述べた通り、肝心の規模がこれほど大きいままでは、当初から指摘している問題は何も解決されていないからだ。それは槇さんらも同じだった。だが、「成果はあった」と言う人も私の周りにはたくさんいた。結果的に槇さんの異議申し立て後に、計画が変更となった点を指摘し、「走りだしたら止まらないのが公共事業。それを国が見直したのだから、十分じゃないか。あなたの記事も役立ったと思うよ」と言ってくれる記者仲間もいた。

今、振り返ってみると、おそらくこの言葉は世間の多くの人の声を代弁していたのだと思う。世の中の関心はこの後、だんだんと冷めていく。取材の現場でも、かつてはよく見ていた他紙の記者の顔が1人消え、2人消え、紙面でも新国立競技場の話題は少なくなっていった。

国立競技場の改修・保存を提案した森まゆみさんたち

少し時期が前後するが、国が新国立競技場の建設費の削減作業を必死に進めていたさなか、作家の森まゆみさんたちと出会った。

森さんと言えば、東京の地域誌「谷中・根津・千駄木」（通称・谷根千）の編集人を長く務めたことで知られる。東京・上野の北西側、日暮里方面にかけて古い街並みが残る谷中・根津・千駄木地域は、「谷根千エリア」として街歩きの人気スポットになって久しいが、その火つけ役となったのがこの雑誌と言われる。その森さんが新国立競技場の問題について会を立ち上げ、問題提起の声を上げようとしている、と聞いたのは、槇文彦さんたちが約１００人の連名で文部科学省や東京都に申し入れをした、２０１３年11月の上旬ごろだった。

早速、電話を入れると、街並み保存の市民運動などで知り合った仲間たちと近々、建設予定地となる国立競技場周辺を見学するつもりだと言う。同行させてもらうことにした。

11月13日、明治神宮外苑の色づき始めたイチョウ並木の入り口で待ち合わせた。集まったのは、森さんをはじめ、槇さんのエッセーを読んで共感したという、女性ばかり計10人の一団だった（後に1人増えて計11人となる）。

森さんは開口一番、「今の国立競技場を壊したくない。改修して使えるように提案したい」と言った。

イチョウ並木の下を歩きながら話を聞いた。森さんは小柄で朗らかな人だ。この時もいつもの調子でにこにこと話したと思う。

「文化的な建築物を巨大なビルや商業施設に建て替える例はいくつもあるけど、全て経済の論理を優先した結果。だけど時代は変わっている。東京駅の赤れんが駅舎を見て、みんな『いいな』って思うでしょう。それは、長い歴史の中に駅を訪れ、利用したいろんな人の記憶が染《し》み込んでいるからだと思う。国立競技場も建設から半世紀以上の時間の積み重ねがあって、それだけたくさんの人の思い出や愛着が詰まっている。それが国立競技場のかけがえのない魅力になっていると思う。建築物の魅力ってそういうことじゃないかな。それに、何でも新しく造るのは、もったいないじゃない」

槇さんたちは、国立競技場を改修して使うことまでは提案していなかった。建て替えるとしても、規模をもっと小さくしてほしいという訴えだった。森さんたちはこの点で槇さんたちと違ったが、景観やコストをめぐる問題意識は最初から共通していたように思う。

他の9人も思いは同じだった。女性ばかりのグループになったのは偶然ということだったが、時間や、記憶の積み重ねが名建築をつくるという指摘にはハッとしたし、何より、最後の「もったいないじゃない」というズバリとした口ぶりは、女性ならではのように思えて「確かにそうだよな」と素直にうなずけた。彼女たちは国立競技場を取り壊さずにずっと使い続けてほしいとの願いを込め、会の名前を「神宮外苑と国立競技場を未来へ手わたす会」と名づけた。

素人であることを恐れず国側と対峙

森さんは、「槇さんたち建築の専門家とは違う市民目線で問題提起したい」と話した。その言葉通り、この後、「手わたす会」の人たちは、疑問に思ったことを自分たちの頭で考え、分からないことは調べて、粘り強く問題点を指摘し続けていった。言葉は悪いが、素人であることを恐れずに国側と対峙し続けた。

活動の大きな柱は、「勉強会」と称して、建築やスポーツ行政の専門家らを呼んでシンポジウムを不定期で開いたことだ。その人選もほとんど一から開拓したものである。確かに槇さんたちの主張と目のつけどころは違ったが、その訴えが具体的で説得力があったのは、槇さんたちと同じだった。こうした姿勢はやはり素人だった私の励みになったし、そこから多くを学ぶこともできた。特に、森さんにはこの後、何度となく話を聞き、アドバイスをもらい、時に叱咤激励を受けることになる。

「手わたす会」の他の人たちももちろんそうだが、森さんには作家という本業がある。あくまでも空いた時間で行う市民運動によくぞこれだけ力を注げると驚くとともに、ずっと不思議だった。後になって森さんが別件で書いた文章を読む機会があり、その理由が分かった気がした。月刊「みすず」の2015年6月号に寄せたエッセーである。タイトルは「ジャーナリズムに耀きを取り戻したい」。福島第一原発事故に関する朝日新聞の「吉田調書」報道と、その記事の取り消しをめぐる騒動について、思いをまとめていた。この中で森さんは、最近の報道機関は政権の顔色をうかがって萎縮しているのではないか、と憂い、自身がかつて新聞記者志望の大学生だったことを明かしていた。

1977年、早稲田大を卒業した森さんは新聞記者を志望したが、当時、全国紙の女性記者募集はほとんどなかったという。男女雇用機会均等法が施行されるのは1986年である。そういう時代だったということかもしれない。

記者になれなかった森さんは出版社に入った。「ジャーナリズムを応援したい」と、国内外の記者が書いた本の編集に携わった。だが、やっぱり新聞記者をあきらめきれなかった。

「一九七〇年代のジャーナリズムや調査報道は耀いていた。新聞の使命とは権力の提灯持ちになることではなく、国民の『知る権利』にこたえることだ。その後、私はふたたび新聞記者になりたいと会社を辞め、東京大学の新聞研究所（当時）に入ったのに、結婚し、子どもができて、あえなく挫折した。当時はまさか赤ん坊連れの女を採用してくれる新聞社はなかった。ジグザグは続き、一九八四年に地域雑誌『谷中・根津・千駄木』という小さな地域ジャーナリズムの場を作った」

森さんには、おかしいことはおかしいと言うべきだという、信念のようなものがあるのだと思う。森さんたちに恥ずかしくない記事を書きたいと、あらためて思った。

コンペは建築制限の緩和を見越して行われた？

2013年11月、JSCが新国立競技場の整備計画の見直しを決めたことで、「この問題はもう終わり」という雰囲気が何となく漂い始めたように思う。だが、見直しの内容に納得できない私は、少しずつでも問題点を指摘できる記事を書こうとしていた。正直に言うと、社内でも「終わった話でしょ」「計画がこれ以上動きようがないなら、書いても意味がない」と言われたことがあったが、「この問題はやはりおかしいから書き続けるべきだ」という加古陽治文化部長の言葉が大きな支えになっていた。

このころ、最初に目をつけたのが、高さ制限の緩和の問題だった。これについては、既にJSCの有識者会議やその下に設けられた「施設建築」ワーキンググループの議事録を紹介する項で触れたが、ここでは別の角度から関連する問題点を指摘しておきたい。

最初に疑問に思うきっかけになったのは、国際デザインコンペの募集要項だった。要項では新競技場の高さは70メートルまでという制限が付されていた。2012年7月には、実際にこれに基づいて世界中からデザインを募っている。だが、当時、明治神宮外苑地区で建ててもよい高さの制限は15メートル。東京都が都市計画を変更して高さ制限を引き上げるのは、翌2013年6月だった。

つまり、このコンペはまだ行われていない建築制限の緩和を見越して実施されていたことになる。もし、仮に東京都が「緩和はできない」という判断に達したら、どうするつもりだったのだろうか。そう考えた私は、有識者会議やワーキンググループの議事録が開示されるのを待つ一方、神宮外苑周辺の建築制限について調べ始めた。そのうち、ある建築家から気になることを聞いた。

「都は景観を守るために率先して建築規制に取り組んできた自治体。昔は外苑の景観を守るために、計画中のビルの高さを低くさせたこともあったはずだよ」

本当なら、開発優先と言える今回の対応とは矛盾するような話だ。さらに「計画中のビルの高さを低くさせた」などというのは、相当に強い意志がなければできない。かつて世界一、土地が高いと言われたこともある東京で、土地の有効利用を考えれば、ビルが高層化するのはある意味で当然だ。それを低くさせるというのは、民間の経済活動を阻害することになりかねない。

まずは、そんな事実があったのかどうか、その確認から始めた。するとあるルールの存在に行き着いた。それが「眺望保全」だった。

外苑周辺のビルの高さを規制していた東京都

東京都が2007年に作成した、都景観条例に基づく景観計画。ページを繰っていくと、中程に「眺望保全」の項目が出てくる。聖徳記念絵画館、国会議事堂、迎賓館、東京駅丸の内駅舎と、都内の4つの近代建築物を正面から眺めた時に、背後に高層ビルが突き出て見えたりしないよう、周辺で計画される大規模な建築物の高さや色彩などを規制する、というものだった。

その「目的」の欄にはこう書いてあった。「我が国の近代化の過程で、首都東京の象徴性を意図して造られた建築物は、その周辺を含め、今日も風格ある景観を形成している。この指針は、これらの建築物を中心とした眺望が保全されるよう、当該建築物の周辺で計画される建築物等の規模、色彩等を適切に誘導することを目的とする」

「風格ある景観の保全」とは、槇文彦さんたちが主張していた言葉と全く同じ趣旨だ。この眺望保全の対象になっている4建築物のうちの聖徳記念絵画館は、明治神宮外苑の中心的な建築物であり、国立競技場に隣接する美術館である。

もう少し詳しく眺望保全の規制について見てみると、絵画館の場合は、手前にある外苑のイチョウ並木の入り口付近に「眺望地点」を定め、そこから人の目の高さに入る建物の高さに歯止めをかける。対象は、都が建築確認をする延べ床面積1万平方メートル以上の大規模建築物のうち、絵画館から最大4キロ圏内にあるものだった。

私にアドバイスをくれた建築家の言葉を頼りにすれば、絵画館の背後で計画された高層ビルの計画が、この眺望保全に引っかかったということだろう。それにしても4キロ先まで規制の対象になるというのは、驚きだった。

国会図書館に行き、ルールができた2007年前後の新聞記事を丸1日近くかけて調べてみた。すると、それらしい記事が見つかった。2005年7月25日付週刊新宿区新聞は、1面トップで「景観の〝通り道〟優先　遠景上の超高層計画に待った」と報じていた。記事によると、新宿区内で計画中の高層ビルやマンションが、ともに眺望保全に引っかかる可能性があるとして、東京都が計画を変更するよう申し入れたというのだ。早速この記事を手がかりに、それぞれのビルとマンション側に連絡をとり、首尾よく当時のことを確認することができた。

東京・東新宿に建つまだ新しい2棟の複合ビル。都内最大級とうたわれたゴルフ練習場の「日本テレビゴルフガーデン」の跡地に、2012年春に完成したばかりだ。このビルがまだ計画段階だった2005年、地権者の都市再生機構（UR）に都の担当者から「計画中のビルを低くしてほしい。景観保護のためのルール作りを進めているので、先取りして協力してほしい」と連絡が入った。

建設予定地から絵画館までの距離は、直線で2キロもある。だが、UR側はこの申し入れを素直に受け入れて、180メートルのビルの計画を120メートル以下に修正していた。広報担当者に当時のことを尋ねると、「景観のために協力するべきだと判断した」という回答だった。

もう1件、絵画館の約500メートル後ろ側で建て替えを計画していたマンションも同じように連絡を受け、最終的に、高さを120メートルから42メートルに変更していたことが分かった。

新国立競技場は絵画館に隣接している。その開発を認めた東京都は、このケースでは2キロ、500メートルと、絵画館からもっと離れた地域での開発を規制していた。しかも、当時はまだ眺望保全のルールを定めた景観計画も景観条例も制定前だった。根拠となるものがないから、この時の都の対応は「指導」などと強制力を伴うものではなく、あくまで「お願い」ベースだった。だが、そこまでして計画の変更を求めたのだ。

絵画館の背後にはみ出さないよう高さを半分以下に

その後、マンションについては当時、都と交渉に当たった住民に話を聞くことができ、より詳しい状況が分かった。

マンションは「エンパイアコープ」。1963年、前回の東京五輪の前年に完成した。当時は、冷暖房完備の超高級マンションとして話題になったが、1990年代後半には老朽化が問題となり、住民間で建て替えの検討が始まった。住民の一人で建築士だった山内研さんが中心になって、その計画を練ることになった。

山内さんによると、建て替え計画には最初から難題があった。マンションは新宿御苑に隣接しており、建て替えたとしても、マンションの影が、御苑側に長時間かからないようにしなければいけない日影規制があった。地元の新宿区や東京都などと相談し、この規制をクリアするために、塔のように背の高い縦長のマンションにすることにしたという。山内さんは「あんまり高いと御苑から見た時に威圧感があるから、少しでも低くしようとしたけど、行政側からは『高くても日影規制のルールに触れなければいい』と言われた」と話した。

36階建て、高さ約120メートルの計画ができたのは、最初に検討を始めてから10年後だった。ちょうどこのころ、東京都から「検討中の景観計画に触れる可能性があるので、絵画館を見た時に背後にはみ出るかどうか検証してほしい」と連絡があり、確認すると70メートルもはみ出すことが分かったという。

山内さんは当時をこう振り返った。「指摘されるまで全く気がつかなかったが、絵画館やイチョウ並木の景観を、自分たちのマンションで壊すのは嫌だった。私は若いころからよく外苑を散策していた。他の住民に説明して、みんなで納得して自主的に計画を変更した」

計画が高層化したのは、資金の問題もあったという。建て替えの費用は入居者で分担する計画だったが、高層化して上層階を分譲すれば、その売却益で建て替え資金を賄えるかもしれないと考えたからだ。しかし、規模の縮小で目論見は外れ、最終的には一世帯1000万円程度の負担になったという。

計画はその後、新宿区が周辺の建築物について最高30メートルの高さ制限を設けたことでさらに難航。最終的に、緑地帯を増やすことなどを条件に特例を受け、高さ42メートル13階建てにすることで落ち着いた。完成したのは2010年。検討開始から15年、8回の見直しを経ての建て替え実現だった。

今回の都の対応について聞くと、「自分たちで納得して計画を変更したのだから、今さらとやかく言いたくはない」としながらも、「周りにはルールを課しておいて、自分たちはそれをあっさりと破るのは横暴ではないか」と話した。

美しい東京に強くこだわった石原都知事

こうした取材を進める一方で、眺望保全のルール作りに携わった都の関係者にも話を聞くことができた。すると、このルールは、当時の石原慎太郎東京都知事の肝いりで作られたということが分かった。この関係者は「民間の経済活動を規制しかねないということは、一歩間違えれば、職権乱用になりかねないということ。石原さんの強い意志がなければ不可能だった」と当時の状況を解説した。

江戸時代から見張らしの良さで知られた東京都心の愛宕山。幕末にここから東京の中心部を撮影したモノクロのパノラマが、石原元知事のお気に入りだった。都議会棟へ向かう都庁舎の廊下に、その写真を掲示したほどだ。その整然とした街並みと現代の東京の街を比べ、石原元知事は、「戦後の無秩序な街づくりは経済を優先し、首都にふさわしい景観は失われた」とこぼしていたという。

確かに、石原元知事は景観計画の冒頭に寄せたあいさつで、「今日の東京の街を眺めると、色彩や形態がバラバラな建築物、無秩序に乱立する屋外広告物、川を覆う高速道路などが目につきます。戦後の都市づくりが、美しさへの配慮よりも経済性、効率性を優先させてきたこともあり、成熟期を迎えた都市にふさわしい景観を備えているとは言い難い」と現状を嘆き、その上で「美しく風格のある東京の再生を目標」にすると訴えている。

都職員らが、眺望保全の参考にしたのは、シャンゼリゼ通りからの凱旋門の眺めなどを守るため、周辺に建築規制を設けているパリの取り組みだった。わざわざ現地に担当幹部を出張視察させている。

そこまで石原元知事が景観保護にこだわった理由の一つには、「五輪のこともあったはず」と、この関係者が教えてくれた。当時、東京は2016年の五輪招致に名乗りを上げていた。2006年11月の都議会での知事所信表明で、石原元知事は策定中の景観計画の重要性に触れつつ、「(東京五輪)開催を目指す10年後を見据え、景観の面でも世界から称賛される都市としていく」と宣言していた。私の取材に応じてくれた人は、石原元知事から直接指示を受けたことはなかったというが、当時の担当職員らは、「IOC(国際オリンピック委員会)が視察に来るまでには景観計画を形にしなければ」とささやき合っていたという。

こうした一連の経緯を振り返ってみた時に、ほとんど「緩和ありき」で、明治神宮外苑の都市計画を変更した東京都の姿勢の違いが際立つのである。

収益の柱は年間12日のコンサート?

森まゆみさんのシンポジウムで知り合った人の中に、鈴木知幸さんがいる。スポーツ政策が専門の順天堂大客員教授。元東京都職員で、現役当時は2016年五輪の招致担当を務めた。それ以前には、駒沢陸上競技場や東京体育館の管理、味の素スタジアムの建設にも携わっている。スポーツ行政全般に詳しい人だ。

2014年1月、東京・神宮前の会議室で開かれたシンポで、その鈴木さんが強く訴えた。

「コンサートを収益の柱にすると言っているが、天然芝の上では1年に何回もコンサートは開けません。絶対に無理です」

そのおよそ2カ月前の2013年11月下旬、東京・永田町の自民党本部。一時3000億円にのぼった新国立競技場の工費について検証を進めていた同党行政改革推進本部の、「無駄撲滅プロジェクトチーム」のヒアリングで、事業主体のJSCは将来の収支見通しを初めて明らかにした。

年間の収入は45億5500万円に対し、支出は41億4800万円となり、年間約4億円の黒字になるという試算だった。収入の柱は年間に12日行うとしたコンサートなどの文化イベントで、約10億円を見込んでいると説明していた。

何の知識もなく、この説明を聞けば、スタジアムなのに、収益の柱がスポーツの試合ではなくコンサートであることに驚く人がいるかもしれない。でも黒字になるならそれでいいか、と思うかもしれない。実際に私がそうだった。

森さんとはある学会で知り合って「無理やりシンポに連れてこられた」とおどけて、会場の笑いを誘った鈴木さんは、マイクを握ると、こんな趣旨のことを言った。

「現在の国立競技場は年間の維持費が7億円程度。41億円というのは普通のスタジアムではありえない、とんでもなく巨額の数字だ。維持管理費というものは、スタジアムの規模が大きければ大きいほど莫大になるわけだから、それだけ新国立競技場が巨大であるということだろう。普通ならこれだけ巨額の支出になれば、支出を削ろうと規模を縮小する。ところが、今回はそうはせず、年間に45億円も収入を得ることで、収支を保とうとしている。たくさんお金を払うことになっても、その分稼げばいいでしょうという考え方だが、本当にそんなに稼げるのか疑問だし、はっきり言って無理じゃないか」

そして、切り込んだのが、収益の柱に据えたコンサートだった。鈴木さんは、駒沢陸上競技場の勤務時代に芝生の管理に頭を悩ませた経験などから、芝生の管理がいかに難しいか、またコンサートがいかに芝生の負担になるかについて、説明した。味の素スタジアム（東京都調布市）では2008年、Jリーグの公式戦直前に10万人規模のコンサートを受け入れたため、本拠地を置くFC東京が猛抗議、チーム幹部が本拠地移転まで口にする大騒動となったというエピソードも披露した。

五輪とパラリンピックを合わせても、わずか数十日の会期しかない。スタジアムにとっては、閉幕後の時間の方が長いのである。その閉幕後にどれくらいのお金がかかるのか。黒字になるのか。赤字なのか。それは建設費と同様に注目されるべき問題である。鈴木さんは、その大事な収支見通しが非常に甘い想定に基づいているのではないか、と疑っていた。

私は鈴木さんにはあらためてインタビューを申し込むとともに、スタジアム経営とコンサートの関係、そして芝生の育成の問題について取材してみることにした。

日産スタジアムも埼玉スタジアムも赤字

まず国内の大規模なスタジアムを8カ所任意で選び、直近1年間の収支状況とコンサートの実施回数などを順番にアンケートした。

そのいずれも公立のスタジアムで、東京都出資の株式会社「東京スタジアム」が独立採算で運営する味の素スタジアムを除いて、7つは全て単独で収支を保つことができず税金で赤字が補塡されていた。補塡額は年2億〜6億円台にのぼった。

その中には、国内最大規模の7万2000人を収容する日産スタジアム（横浜市）の4億3600万円や、サッカーの日本代表戦がよく行われるサッカー専用の埼玉スタジアム2002（さいたま市）の2億5200万円も含まれていた。日本を代表するスタジアムでもこうなのだから、いかにスタジアム経営が難しいかが、分かった気がした。

1回のコンサートでも芝生には大きなダメージ

さらに私の関心を引いたのは、コンサートと芝生の関係だった。『スタジアムの経営を改善するにはコンサートを呼ぶこと』と言われるくらい、コンサートは収益性が高い。でも芝への負担が大きすぎる。サッカーなど競技に影響を及ぼさないようスケジュールの合間に組む」と、エディオンスタジアム広島を所有する広島市の担当者は話した。地方のスタジアムでは、そもそも大規模なコンサートの誘致が難しいという事情があって、開催がゼロのところも多いのだが、少なくとも都市部のスタジアムは、芝の状態を保つため、どこも開催回数を自主規制していたのだ。

周辺人口が多く、コンサートの需要が高いであろう首都圏のスタジアムで比較してみると、日産スタジアムで年4日、味の素スタジアムで3日、埼玉スタジアムに至ってはゼロだった。

新国立競技場が見込む12日は、別格の数字だった。

埼玉県の担当者は、「サッカーは県を代表するスポーツ。芝生を守るためにコンサートはやりません」と、開催ゼロの理由をきっぱり言った。過去には、高校サッカーの試合のハーフタイム中に、ブラスバンド演奏を行った際にも、芝生内に立ち入らせなかったほど、芝生の保護意識は徹底しているのだという。

ではどうしてコンサートが芝生に悪いのだろうか。

コンサートを行う際は、芝生の上に保護用のパネルを敷き、その上にパイプいすを並べて観客席を作る。作業はコンサートの前日には始まるので、芝は丸2~3日間もずっとパネルに覆われることになる。コンサートが行われる夏場、芝生の表面温度は50度にも達するという。植物の生育に必須の日光も遮《さえぎ》られ、芝生は過酷な環境に置かれる。

日産スタジアムの芝生管理の担当者は、「パネルを外すと、芝が黄色く変色したり枯れていたりすることもあります。コンサート直後の芝は重病人のようなものです」と教えてくれた。実際にコンサート直後の芝生の写真も見せてもらったが、パネルの跡がくっきり残って、その部分からはげ始めているなど痛々しかった。

そもそも芝はデリケートな植物で、暑さや湿度に弱く、日本での生育自体、難しいと言われているという。ダメージを受けた芝生への対応は、基本的には時間をおいて回復を待つこと。

日産スタジアムの場合は、一度コンサートを行うと2週間は休ませるという。それでも芝が回復しない場合は張り替えるしかないのだが、別のスタジアムの関係者によると、時期や芝生の種類などによって異なるものの、全面張り替えには数千万円の費用が発生する。

鈴木知幸さんがシンポジウムで披露した、味の素スタジアムとFC東京のトラブルでは、最終的に味スタ側が約3000万円かけて芝生を張り替えることで、事態の収拾が図られている。

このトラブルの発端は、2008年5月、2日後にJリーグの公式戦を控えながら、味スタ側がロックコンサートの開催依頼を受けたことだった。これに怒ったFC東京の村林裕社長は、「ああいう姿勢のスタジアムでは試合はできない」と報道陣に感情をぶちまけている。

村林さんに取材すると、「当時の芝生はデコボコして状態が悪く、以前から改善を求めていた。芝の問題では私、何度も新宿の都庁まで出向いて課長から局長級まで話をしてましたから。怒鳴り合いになったこともありました」と、経緯を振り返った。だが、その一方で、「私はスタジアムでコンサートをやることとイコールノーではない。コンサートはスタジアムにとって欠かせない収入源であり、残念ながらスポーツ競技ではそこまでの収入を確保できないからです。でもね、コンサートが肝心のスポーツの利用を制限することになっては困ると思ったんです」と話した。

この騒動を受け、味スタ側は、サッカーの試合日程を考慮して、スタジアムの使用が過密にならないよう管理することを、FC東京側に約束した。味スタの担当者は、「普通は1年以上前から予定を立てるが、この時は急きょコンサートの開催が決まったようだ。収益的に、コンサートをやりたかったのかもしれないが、今では考えられない過密日程だった」と話した。

日産スタジアムでも2013年夏、人気アイドルグループ「ももいろクローバーZ」のコンサートの際に、芝生を守るために急きょ、芝生の外に観客席を設ける措置をとり、ファンの間や、インターネット上で話題になったこともあった。

芝生の管理がこれほど難しいとは。コンサートは確かに利益を生むドル箱の事業かもしれないが、それはもろ刃の剣に違いなかった。

開閉式屋根も芝生に悪い、故障も頻発

取材を進めると、さらに気になることが分かった。それは、新国立競技場の収支見通しで、コンサートと一体不可分の関係になっていた、開閉式屋根についての問題だった。

日本で屋根つきのスタジアムと言えば、東京ドームやナゴヤドーム、福岡ドームなど、野球場を思い出す人が多いだろう。だがその中には、陸上競技やサッカーの競技場もある。それが、新国立競技場も立案の際に参考にした、豊田スタジアム（愛知県豊田市）と大分銀行ドーム（大分市）だった。この2つとも、開閉式屋根が大きなトラブルを引き起こしていた。

特に問題が顕著だったのは、大分銀行ドーム。２００９年10月に予定されていたサッカー日本代表とトーゴ代表の試合は、芝生の状態が悪いことを理由に、直前になって会場から外されてしまった。

大分ではスタジアムの構造上、芝生の根つきが悪く、これ以前にもＪリーグから改善勧告を受けていた。開閉式屋根を設けるためにスタンド上部を覆う固定式屋根がせり出す形状となり、日照が制限され風通しも悪くなったのが原因だった。当時の新聞記事を読むと、会場変更を決めた日本サッカー協会の犬飼基昭会長は、「(翌年の）ワールドカップ前に選手にけがのリスクを負わせたくない」と報道陣に話している。

大分県の担当者は、私の取材に、芝生の管理に今も四苦八苦していることを認め、「夏場のグラウンド付近は蒸し風呂のようなものです」と話した。グラウンドの脇に大型扇風機を並べて人工的に風の流れを作っているが、抜本的な改善には至っていないということだった。

さらに、開閉式屋根そのものも問題を抱えていた。２００１年の竣工以降、計12回も屋根の故障が起きていた。屋根が複雑な構造を擁していることが原因とみられていたが、２０１３年11月には突然、閉じなくなるトラブルが発生。取材当時は５カ月以上、開けっ放しの状態が続いていた。悲惨なことに、故障した部品は既に生産中止になっており、県は４億５０００万円をかけ、一から全面的な改修を行わざるを得なくなっていた。担当者は「こんなにトラブルが続くとは想像できなかった」と、明らかに落胆した様子で話した。

状況は豊田スタジアムも同じようなものだった。芝生のダメージに対応するため、年2回、全面的に張り替えていた。その費用は、直近の2012年度で8700万円を要した。

莫大な維持管理費も、スタジアムの経営を圧迫していた。2015年8月11日付東京新聞朝刊などによると、私の取材後の同年1月に公表された包括的外部監査では、「市の財政を圧迫する」として、所有者の豊田市は赤字の縮減を求められ、そのための方法の一つとして、多額の修繕費が発生している開閉式屋根の早期撤去が提言された。これを受ける形で、市が2015年度以降の修繕費を見積もると、5年で16億円かかることが判明。市は4月以降、運用を原則的にやめてしまった。今、豊田スタジアムの開閉式屋根は開けっ放しになっている。

新国立競技場の収支見通しは「まやかし」

こうした取材結果を踏まえて、鈴木さんにあらためて会った。鈴木さんは「計画を前に進めるためにこうした試算を作るのは行政の得意なところ。スポーツ行政をちょっとでもかじった人で、こんな甘い試算を信用する人はいないですよ」と断言した。

年間に45億円を稼いで4億円の黒字を保つという新国立競技場の収支見通しを、「まやかし」と言い切ったのだ。その収益の柱とされたコンサートについても、「サッカーなど他のスポーツと併用することを考えれば、せいぜい年間2～3日が限界ではないでしょうか。コンサートの専用ホールにするなら別でしょうけど」と言った。

コンペ参加者の伊東豊雄さんも反対の声を

2014年1月に検討が始まった新国立競技場の基本設計は、3月中には完成する予定だったが、遅れていた。その直前、都心で記録的な大雪が降り、同じくらいの降雪があった場合、開閉式屋根が雪の重みに耐えられないとの試算が、設計会社側から示されたためだ、と言われた。事業主体のJSCの担当者は、「なるべく早くということで、設計の見直しを進めているが、いつまでにまとまるかは分からない」と話した。

このタイミングで、建築家の伊東豊雄さんが、新国立競技場の整備計画に反対して、独自の改修案を作成しようとしている、という話が舞い込んできた。旧知の間柄である社会学者の中沢新一さんが伊東さんに提案し、背中を押したということも聞いた。

伊東さんは自身も新国立競技場の国際デザインコンペに参加していた。立場上、こうした発言はしにくいだろうことは容易に想像できた。それでも本当に反対の声を上げるなら、それはやはり相当の覚悟を持った発言になるだろうと思った。

海外出張などでなかなかコンタクトの取れない伊東さんの代わりに、中沢さんに会うことができたのは、5月9日だった。その3日後に、2人は会見を開く予定になっていた。

中沢さんによると、年明けに週刊誌の企画で対談した際、伊東さんから、「自分にはコンペに参加したから分かることがある。今となっては新しく建て替えるよりも、改修して既存施設を活用する方がよいと思っている」との〝本音〟を聞いたという。中沢さんが、「それなら自分で改修案を作ってはどうか」と口説き落としたということだった。

中沢さんは、「今の日本は、国土強靭化の名の下、大規模な建築物をどんどん造ろうとしている。おかげで人手不足、資材不足が生じ、これを東京に回すことで、東北の復興は決定的に遅れている。安倍晋三首相は東京五輪と両立できると主張したが、それは実態と矛盾している」と指摘した。その上で、「われわれは五輪に異を唱えているわけではない。将来発生する莫大な維持費用を考えれば、国民にはそれに反対する権利がある」と、意図を説明した。

伊東さんが中沢さんに言った「コンペに参加したから分かる」とは、何のことを指しているのか。5月12日、国立競技場に近い東京・千駄ヶ谷の津田ホールで開かれた記者会見とそれに続く講演会で、伊東さん自らが明らかにしたのは、今読み返してみても、核心を突く指摘だった。

それは、募集要項で求められる条件やスペックがあまりにも多すぎることへの警鐘だった。

募集要項は、競技場の規模や盛り込むべきスペック、建設場所、建設費など、新競技場建設のありようを示した大まかな設計図のようなものである。有識者会議やその下部に設置されたワーキンググループを通じ、128項目にものぼる設備の要望が取り入れられ、規模が拡大する要因になっていた。

槇文彦さんをはじめとして、その規模やコストをめぐる批判は多くあったが、募集要項の条件そのものをズバリと指摘する声は、当時ほとんどなかったように思う。しかもそれをコンペに実際に参加して、実際に設計の検討を行った建築家が、「無理がある」と言うのだから、その指摘は説得力があった。

「敗軍の将、兵を語らず、と思ってきたが、今の案にかなり危惧を持っている」と会見に臨んだ理由から語り始めた伊東さんは、「そもそもこれほど限られた土地で8万人規模の競技場を造るのは誰がやっても難しい」と言った。さらに、国際デザインコンペに応募した自身の案を示しながら、「ピッチに近い臨場感のある観客席」と「芝生の育成」のため、それぞれ可動式のスタンドと、芝生を傷めないようにするための可動床を設計に盛り込んだことを説明した。

「いくつもの条件を満たすためにさらに設備が複雑にならざるを得ず、相当な建設費やメンテナンスコストがかかる」と感想を漏らした。こうしたさまざまな問題点を合理的に解決する方法として行き着いたのが既存施設の改修だった。

この日、伊東さんが示した改修案は非常にシンプルなものだった。工費も、「建て替えの半分くらい」でできるとの認識を示した。一方で、実際に計画が見直され改修することになったとしても、伊東さん自身は関わらない考えも強調した。あくまで改修案は、「こうすれば改修でも十分五輪仕様のスタジアムにすることができる」という方策を示すためのもので、政府に今の計画を再考してもらうための考え方の一つ、という意味合いだった。

当時の計画では、7月には国立競技場の解体が始まることになっていた。「今言わなければ」という責任感が、伊東さんの背中を押したのだと思う。これに対して下村博文文部科学相は、5月23日の記者会見で、「(計画を)最初から作り直すとなると、2019年のラグビーワールドカップに間に合わなくなる」と、取り合わない考えを示した。

建築家らの問題提起を無視したまま基本設計公表

2014年5月28日、JSCは、東京都港区の明治記念館で第5回有識者会議を開き、新国立競技場の基本設計を明らかにした。予定より3カ月遅れだった。

示された新国立競技場案は建設費1625億円。地上6階地下2階の鉄骨造りで、3層式のスタンドを持つ。そのうち、最下層のスタンドは、サッカー、陸上、コンサートなど、用途に応じて自動で移動する可動席になった。最大で8万人の収容人数に変更はなし。開閉式屋根も予定通り取りつけることになった。

延べ床面積も約22万平方メートルで、規模、機能とも、前年11月に公表されていた当初計画の修正案をほぼ踏襲していた。それはつまり、一連の建築家らによる問題提起は何も受け入れていないことを意味した。これを元に、より具体的な実施設計に着手し、7月には国立競技場の解体工事が始まることになっていた。ＪＳＣや国側にとっては、建て替えに向けて一つのステップを踏んだ日であった。

「開閉式屋根」が「開閉式遮音装置」に変わる

だが、私にとって、この日の取材は、「やはりこの計画には問題があるのだ」とあらためて思わせるものになった。

会議は前回に続いて、公開で行われた。冒頭、ＪＳＣ新国立競技場設置本部の山崎雅男本部長がスライドを示しながら、基本設計の内容を委員に説明していった。

その中で開閉式屋根について、「工法を見直した結果、建築基準法上は開閉式遮音装置と呼ぶことになりました」と説明した。「遮音装置」とは聞き慣れない単語だった。単に呼称だけの問題かもしれないが、どうして「屋根」ではなく「遮音装置」なのか。はっきりした説明はなかった。あれだけ騒いだ建設費についても、ほとんど議論にならなかった。

会議終了後、ＪＳＣの河野一郎理事長を報道陣が取り囲み、即席の記者会見が開かれた。

当初は基本設計が無事に決定したことに対する所感など、当たり障りのない質問があり、中盤になって、開閉式屋根についての質問が飛んだ。その回答は、今読んでもかなり奇妙だ。

記者「開閉式屋根が遮音装置という呼び名に変わった理由は」

河野理事長「いろんな理由がある。一つは遮音という一つ大きな問題があったので、その遮音をきっちりと位置づけました」

意味がよく分からず、首をひねる記者団に対し、河野理事長の近くに控えていた事務方の職員が助け船を出した。

職員「建築基準法の考え方で東京都と協議してそういう名前にしました」

記者「屋根なんですか？」

職員「建築基準法上は屋根じゃない」

記者「屋根じゃない？　なぜですか？」

職員「常に開いてないので……」

記者「開閉式屋根なのだから、それは最初から分かっていたことじゃないですか。どうして今呼び名が変わったんですか？」

河野理事長「一般的な呼び名としては屋根だが、それを建築基準法上は屋根とは呼んでいないということです」

記者「だけど役割としては屋根なんでしょう？」

河野理事長「役割は遮音装置です。遮音装置という機能を前面に出すと、建築基準法上は遮音装置になった」

分かったようで全く分からない回答だったが、時間の制限もあり、これ以上、この問題には突っ込めなかった。

消費税増税も物価上昇も含まれていない「1625億円」

代わりに出たのが建設費の問題だった。有識者会議で配布された基本設計の説明資料は、A3判で約50ページに及んだが、建設費については4行しか記載がない。そこにはこう書いてあった。「本計画による概算工事費は、本体整備約1388億円、周辺整備約237億円、計1625億円と見込んでいる。（2013年7月時点の単価による概算。消費税5％を含み、建物敷地外の工事費は除く。）」

丸かっこでくくられた「2013年7月時点の単価」「消費税5％」による概算という記述について、質問が出た。

記者「これは、今から1年前の基準で1625億円という意味です。工事費は上がっている。現状でいくらになるんですか？」

東日本大震災の復興工事に伴って建設需要がそもそも高まっていたことに加え、東京五輪の招致が決定したことで、建設物価はどんどん高騰し、各地で入札不調が相次ぐ事態になっていた。加えて、消費税は2カ月前の2014年4月から8％に増税されていた。

河野理事長はこう答えた。「今ちょうど政府とやりとりしています。今そこについてはコメントすることはできない状況です」

言葉で明確に答弁した訳ではないが、明らかに1625億円よりも増えることをにおわせた。

これは聞き捨てならないひと言だった。河野理事長が今日の会議の結果について、文科省に報告に行かなければいけないという理由で会見は打ち切られたが、その後も、記者たちは、山崎雅男本部長を取り囲んで、建設費について聞いた。

記者「消費税も上がり、建設物価も上がっているがどうなるんですか？」

山崎本部長「まだそれは……」

記者「額はいつ出るんですか？」

山崎本部長「政府と……」

記者「政府に言う前にまず国民に言わないといけないでしょう。なんでこんな去年の見積もり数字が出てくるのか？　最終額はいつ出すのか？　(解体が始まる) 7月までには出るのか？」

山崎本部長「(7月までには) 出ないと思う」
記者「それでは、現段階ではいくらかかるか分からないのか?」
山崎本部長「今はいくらかは分からない」
記者「少なくとも上がるでしょう?」
山崎本部長「それは。消費税や建設物価は上がっているとは思います」
1625億円に意味がないことを、ほとんど認めていた。会社に戻った私は、この建設費の問題に焦点を当て「総工費膨らむ恐れ」との記事を書いた。もう一つ、開閉式屋根のことがあったが、こちらも何か問題がありそうな雰囲気はあったものの、それが何かまでは、この日の段階では確認できなかった。何となく分かってきたのは翌日のことだった。

「屋根」の言い換えは建築基準法違反を免れるため?

建築家の森山高至さんも、森まゆみさんのシンポジウムで知り合った一人だった。早稲田大の理工学部で建築を学んだ後に、政治経済学部の大学院を修了した変わり種の人で、「建築エコノミスト」を名乗り、自身のブログで新国立競技場の問題点を追及していた。その森山さんに開閉式屋根の問題を尋ねてみると、こんな答えが返ってきた。

「建築基準法上、『屋根』は基本的に不燃素材でなければならない。燃える素材だと、災害時に人命に関わるからです。ところが、ＪＳＣが公表した基本設計の資料を読んでみると、開閉式屋根に使う素材は、『Ｃ種膜』という燃える素材を使うようです。これは店舗の軒先やテントに使われるような、折り曲げ可能な素材。開閉式屋根はデザイン上、複雑な曲面を描くので、折り曲げ可能なＣ種膜じゃないと造れなかったんじゃないでしょうか。それを『屋根』と呼ぶと、建築基準法違反になる可能性があったから、言い換えたのではないか」

すぐにＪＳＣの担当者に電話で話を聞いた。開閉式屋根には、構造上、折り曲げ可能なＣ種膜を使わざるを得なかったことは認めた。だが、屋根から遮音装置への言い換えについては、こう言った。「開閉式屋根は普段は開けておいて、コンサートの時だけ閉めるもの。東京都とも相談したが、『そういう使い方なら〝屋根〟じゃなくて〝装置〟ですね』ということになり、言い換えた。建築基準法の問題は関係ない」

森山さんの話を聞いた私は、屋根を燃える素材で造らざるを得なくなったため、困ってしまったＪＳＣが、「装置」と言い換えることで解決しようとした、というストーリーを思い描いていた。だが、ＪＳＣの担当者はその筋書きを否定し、呼称の変更は建築基準法の問題とは何の関係もなく行った、と言うのだ。

視点を変えて、燃える素材は防災上問題ではないかと問うと、「1年のうちほとんどは開けたままで、しかも法的には『屋根』ではないのだから、問題ないと思っている」ということだった。

分かったようでやっぱり分からない理屈だった。それではなぜ基本設計の段階で、急に呼び方を変えたのか。それに防災上の問題だって、少なくともコンサートの時は閉めるのである。その時、大地震などの災害が起きても危険はないのだろうか。

こうして残った疑問を解消してくれたのが、東京都都市整備局の関係者だった。

最初はＪＳＣが相談したという都建築指導課に確認したが、ほとんどＪＳＣの言い分を追認するような回答だった。表からがダメならウラから、ということで取材の突破口を探していたら、幸運なことに、事情を知る職員から非公式に話を聞くことができた。

「あなたの言う通りだと思います。ＪＳＣからは『屋根を不燃材料で作れない』と言われたので、都からは『屋根は不燃じゃなきゃダメだ』と伝えました。それは建築基準法に明記されていますから。でもＣ種膜じゃないとやっぱり造れないというから、それなら『普段は開けっ放しだから、屋根ではないという解釈ができるのでは』という話になった」

この人はこんな顚末を教えてくれ、さらにこう言った。

「この解釈は結構苦しいですよね。建築確認などを行う都として、『屋根』でやってくれた方がいいですよ。でも法的には屋根ではないと解釈できるのは事実だから、行政庁としてはそれ以上言えないんです」

委員は「しっかり国民に説明を」と注文をつけたが……

基本設計を承認した第5回有識者会議では、ほかにも注目すべきことがあった。基本設計の内容についてＪＳＣから説明を受けた委員たちは、ほぼ全会一致でその内容を承認したのだが、情報公開や説明責任をめぐって注文がついた。槇文彦さんや森まゆみさんらの問題提起のほか、伊東豊雄さんの改修案の発表も多少は効いているように思った。

建築家の安藤忠雄さんは、「今後、問題についていろいろと意見を受けとめて、しっかりと発言していく必要があると、私は新聞等を見ながら思っている。これについては敏感に対応した方がいいと思っている」と話した。森喜朗元首相も「新聞等でいろんな意見があるのは知っている。金の問題もあるし、周りの環境とデザインとの調和の問題もある。新聞の談話などで、建築関係者が話しているのを見ると『違和感がある』と。何が違和感があるのか。色が悪いのか。これは早急にアナウンスメントしなきゃいかんと思う」と話した。遠藤利明衆院議員や、笠浩史衆院議員も同じように、「しっかり国民に説明を」と求めた。

こうした一連の発言を言葉通りとらえれば、槇さんたちの批判の声に耳を傾け、よく話し合う必要があるということだ。

だが、やっぱりそうはならなかった。

会議終了後の即席会見でＪＳＣの河野一郎理事長に問うと、「政府の方の計画の進捗状況と合わせて、たとえば説明会を設けるとか。専門家でないとなかなか説明できない部分もあるので、そういう機会を設けたい」と言った。重ねて「説明会を開くということは、話を聞いて先方の意見を取り入れることもあるのか」と聞くと、「根本的なところを変更することはない。今日、(有識者会議で)お認めいただいたので」とキッパリ言った。

ということは、問題提起の声を上げている人たちの、話だけ聞くということだ。最初から自分たちの計画を譲るつもりはない、と明言しているのだから、その説明会にどれほどの意味があるのか分からない。むしろ、「説明しましたよ」というアリバイ作りに使われる可能性もあった。

説明会を非公開でこっそりやろうとする

この説明会は7月7日に行われたのだが、そこに至る経緯にもひどいものがあった。

結論から言うと、JSCは説明会の参加対象者を建築家に限定した。森まゆみさんたちは、これまでに申し入れや質問状などをJSCに送付してきたが、「専門家ではない」という理由だけで、そもそも対象者に加えなかった。

そして、何よりもひどいのは、この説明会を、われわれにも社会にも知らせずにこっそりと行ってしまおうとしたことだった。有識者会議で安藤忠雄さんが言った「意見を受けとめて、しっかりと発言していく必要がある」という言葉は、何だったのか。

7月に入ったころ、JSCが非公開で説明会を行おうとしているという噂を、建築関係者から聞いた。何も知らないふりをして、JSCの広報担当者に「有識者会議で言及された説明会って、どうなりましたか」と電話したが、「まだ何も聞いていません」という返答だった。

開催まで1週間を切った段階で、広報担当が知らない訳はない。批判の声が盛り上がらないように、マスコミにも黙ってこっそりやってしまおうという意図が見てとれた。

参加を求められているだろう建築家サイドへの取材を進めると、当初、参加を求められたのは、槇さんや、槇さんの考えに賛同する東大教授の大野秀敏さん、京都工芸繊維大教授の松隈洋さん、さらに伊東豊雄さんら数人の建築家だったことが分かった。さらにその全員が、「密室での説明なら参加できない」と要請を断っていた。

槇さんは取材に対し、「少なくとも市民やマスコミに公開されなければ参加はできない。これでは説明責任を果たすことにならない」と話し、松隈さんも、「社会的に重要な問題を狭い範囲の人間だけで非公開で議論すれば、社会からの不信感を高める」と異議を唱えた。大野さんも、「新国立競技場問題は建築界を超えた問題であり、建築家だけで密談まがいのことをすることは槇先生らの問題提起の本質を歪める」と断言した。

結局、同様にJSCから出席要請を受けていた日本建築家協会など建築関係5団体が、「話し合いのテーブルに着かなければ何も変わらない」との理由で、参加するつもりであることが分かった。ずっと求めてきたＪＳＣ側との接点をようやく捕まえることができたのだから、みすみす逃すのは不合理ということで、「これをきっかけに計画をよい方向に持っていきたい」と協会の関係者は言った。確かに、それも一つの判断だとは思った。

こうした説明会の全体像を確認した上で、ＪＳＣの同じ広報担当者にあらためて見解を問うと、「きたんのない意見交換のために非公開で行うことにした」とあっさりと認めた。

説明会当日、会場の外には多くの報道陣が待ちかまえていた。２時間に及ぶ説明会は、やはり非公開で行われた。終了後、取材に応じたＪＳＣの河野一郎理事長は、「これまでもわれわれがコミュニケーションをとってこなかったとは思わないが、専門家の建築家（同士）が話し合う機会があってもよい。今後もコミュニケーションはとっていきたい」と述べた。

一連の問題提起については「理解をたまわれるよう努力するが、１００人が１００人賛成することは難しい。計画の根本的なところは変えられないと思う」と話した。そして、現競技場の解体は予定通り今夏にも着手するとした。

説明会はその後も継続的に行われることになったが、非公開であることは変わらなかった。もちろんＪＳＣのこうした姿勢も変わらなかった。

入札不成立、談合疑惑で解体工事が延期

7月にも始まる予定だった国立競技場の解体工事は約5カ月遅れ、最終的に12月中旬に開始された。この解体の遅れ自体は、新国立競技場の建設計画そのものとは直接関係ないが、JSCの不手際もあって、談合を疑われるなど汚点を残した。経緯を簡単に振り返っておく。

最初の入札は、基本設計を承認した有識者会議の翌日に当たる5月29日に行われたが、参加業者の入札額がいずれも予定価格を上回り、JSC側は、随意契約も検討したが交渉はまとまらなかった。「不落」の背景には、資材費や人件費の高騰があったとみられる。

2度目は7月17日。今度は一転して、最低基準価格を下回る金額で入札する業者が複数あった。この基準価格は、過度に安い金額で落札して手抜き工事になることなどを防ぐために設定されている。JSCは一定期間、調査した結果、最も安い金額で入札した東京都内の業者ではなく、2番目に低価格を提示した埼玉県内の業者を落札者に決定した。

だが、最低価格を提示しながら失格となった都内の業者が、「官製談合の疑いがある」と申し立てたため、内閣府の政府調達苦情検討委員会が調査に乗り出した。その結果、7月の再入札当日に業者が入札書と工事費内訳書を持参した際、入札前にもかかわらず、JSCの担当者が開封して中身を確認していたことが分かった。

内訳書を見れば、業者の入札額は分かる。しかもJSCは同じ日に予定価格を決めていたの

で、各社の入札額を確認してから、意中の業者が落札できるよう、便宜をはかる目的で予定価格を決めたのではないか、という疑惑が浮上したのだ。

内閣府の検討委員会もこの事前開封を問題視。入札のやり直しを命じ、3度目の入札が12月2日に行われた。ここでも応札額が最低基準価格を下回ったが、調査の結果、この金額でも適切に解体工事を行えると判断。12月中旬から解体工事に着手した。

スタンド部分を崩す本格的な解体は2015年3月上旬に始まり、国立競技場の建っていた場所は、2カ月後にはほとんど更地になった。

JSC幹部が計画に無理があることを認めていた!

2014年8月のお盆前だった。新国立競技場問題で知り合ったある建築関係者から、1通のメールをもらった。

その人は、JSCの幹部数人から内々に連絡を受け、5月ごろに面談したという。基本設計が予定の3月末を過ぎてもまとまらず、さらに検討を重ねていた時期である。

当時、その幹部らは面談したことを絶対に口外しないでほしいと求めた上で、基本設計の取りまとめに苦労していることを明かした。「日本の設計事務所は能力が低いんでしょうか」「有識者会議の人たちは何も教えてくれません」。不満を並べた上で、「何が正しい情報か分からなくなってきた。正しいことを教えてほしい」と訴えてきたという。

槇文彦さんらによる一連の問題提起にも、影響を受けているようだった。この建築関係者は技術的な問題点などを指摘すると、幹部らは計画の無謀さを認めつつ、「われわれは計画の推進が責務。それ以外の行動はとれない」と吐露したという。

計画に無理があることを、その計画を策定する当事者たちが痛烈に感じている、という証言だった。何となく思い当たる節がなかった訳ではない。基本設計の作成が2カ月遅れたのも、取りまとめに苦労したからに違いなかったし、基本設計の公表時に明らかになった1625億円や開閉式屋根をめぐる問題も、明らかに計画の〝苦しさ〟を示す一端だった。

私は、この話をさらに取材して記事にしたいと、メールをくれた建築関係者にお願いしたが、「私も口外しない前提で面会に応じたのだから、記事化は困る」と、この段階では認めてもらえなかった。メールをくれたのは、あくまでも「取材の参考にしてほしい」との心遣いだった。すぐに記事にできないのは残念だったが、やはりこの計画は今も問題を抱えているのだという確信は強まった。

そもそもＪＳＣという組織は、文部科学省所管の独立行政法人だ。新国立競技場の計画を担当する「新国立競技場設置本部」は、２０１２年４月に準備本部が発足して業務を始めた。国立大学の施設整備を担う文科省の文教施設企画部などから建築士の資格を持つ技術系の職員らが多く出向し、本部長ら幹部クラスはその出向組が占めていた。

計画が白紙撤回されて以降、大学施設レベルの経験しかない〝文科省組〟では、新国立競技場のような大規模な公共事業はそもそも手に負えなかったのではないか、という指摘が出ているが、この建築関係者のメールでは、そのJSC自身が周辺に助けを求めようにも誰にも助けてもらえないと訴えているのである。しかも、彼らは、計画に問題があることを認めながら、「われわれは計画を進める以外の方法はとれない」などと言っている。少なくとも彼らが声を上げれば、計画の軌道修正はもっと早く図れたのではないかと思うと共に、そうはできなかったことについて、問題の根の深さを垣間見た気がした。

難題を抱えての実施設計作成

このメールをもらったのと同じくらいの時期に、やはり計画にはまだ難題が山積していると分かる出来事があった。JSCが実施設計の作成を設計会社だけに任せるのではなく、施行予定のゼネコンまで参加させることを決め、プロポーザル方式で公募したのだ。8月18日のことだった。

一般的には、実施設計が完成した段階で、施工業者を入札で選び、建設作業に着手する。だが、今回は、設計の段階で「施工予定者」としてゼネコンを引き込むという。こうした方法は

ＥＣＩ方式と呼ばれ、数は少ないが全国でいくつかの先行例はあった。

目的は、施工業者であるゼネコンの独自の技術やコスト削減のノウハウを、設計に反映させることだ。設計から施工までスムーズに行えることから、工期短縮も期待できた。裏を返せば、それだけ設計作業が難航しそうであるということだった。

ＪＳＣの新国立競技場設置本部の阿部英樹施設部長は、「もともと『日本の技術力を世界に示す』という方針でザハ・ハディドさんのデザインを選んでいる。技術的なチャレンジは当然だと思っています」と難題を抱えていることを認めた。確かに、阿部部長の言う通り、国際デザインコンペの段階から技術的な難しさは指摘されてきたから、それは当然と言えば当然なのだが、あまりにもあっさりした口ぶりに少し驚いた。

「キールアーチ」のどこが問題なのか？

それでは具体的に、設計や建設に向けてネックになっているのはどこなのか。ＪＳＣがゼネコン向けに開いた事前説明会での配布資料には、「大規模なキールアーチ」「開閉式遮音装置等の特殊機構」「首都直下地震等の大規模災害に耐えうるスタンド」「伸縮型可動スタンド（可動席）等の特殊機構」などについて、「技術的に難易度が高く、十分な検討を行い、課題を解決することが必要である」と記載されていた。

キールアーチと開閉式屋根のイメージ（原図は日本スポーツ振興センター提供）

「キールアーチ」という言葉はこの後、安倍晋三首相が計画を白紙撤回した前後に盛んに報道されることになるが、私はこの時、初めてこの言葉を知った。幅３７０メートル、高さは70メートル。２本で屋根を支える。鉄骨量は計2トン。東京タワーに使われた鉄骨の実に5倍の量である。ザハ・ハディドさんのデザインを実現するための構造だった。

こうしたアーチ構造自体は一般的で、もともと川にかかる橋梁などによく使われていた。「隅田川にかかる永代橋と基本的な構造は同じ」という建築家もいた。新国立競技場と同様、スタジアムに使われるケースもあった。ただ、新国立がほかと違ったのは、「これほどの規模はほとんど例がない」という点だった。さらに、アーチ単独では不安定なため、それを支える別の部材も必要になるという。その分、鋼材の量は増え、コストがかかる。

たとえばアーチの両端は、鉄筋コンクリート製の「アーチタイ」という構造物で結ばれることになっていた。「股割《またさ》き」のようにアーチの端が外へ外へと広がっていくのを、防ぐためだ。後に文部科学省が明かしたところによると、このアーチタイに必要な鉄筋の量は2300トン、コンクリートは2万5000立方メートルに達する。土の中に設置するために、巨大な穴を掘らなければならず、その土の量は78万立方メートルになっていた。

実は、このキールアーチの問題について早くから指摘していたのは、槇文彦さんだった。槇さんは基本設計公表後の6月、その内容を分析し、問題点を独自に指摘した文書を公表していた。

そこには1点目の項目で「巨大屋根架構」として、キールアーチについて指摘。アーチの断面積が足元部分で約80平方メートルに達し、住宅がまるまる収まるくらいの広さがあると試算。「更に地下部分、基礎、そして屋根を覆う他の副材に必要な鉄骨、コンクリートの総量を考えると、明らかに（五輪の）16日間或いは年間50日位しか利用がないこの架構物にどうしてこんな無駄に素材とその複雑な加工費を支払わなければならないか、また人口縮小の東京において維持していかなければならないか大きな疑問が残ります」と、その桁外れの巨大さについて疑問視していた。

大規模工事を安全に行うための敷地も足りない

キールアーチが巨大であればあるほど、建設するのが難しいのは当然だ。だが、新国立競技場の場合は、敷地の狭さが計画をより難しくさせていた。

槇さんが当初から指摘しているように、新国立競技場の敷地はロンドン五輪のメーンスタジアムの敷地の7割程度しかない。建設予定地は東京の都心にある明治神宮外苑地区だ。もともとの国立競技場の敷地に加え、隣接する明治公園や日本青年館などの敷地を加えても、これが精一杯だった。だが、計画されている競技場の規模は、この段階でロンドンの2倍以上に達する。7割の敷地に2倍の建物。敷地は限られているのに、これでもかというくらいギュウギュウに設備を詰め込んで造るのが、新国立競技場だった。

5月、独自の改修案を公表した伊東豊雄さんは、「そもそもこれほど限られた土地で8万人規模の競技場を造るのは誰がやっても難しい」と述べたが、それはつまりこの敷地条件の厳しさを端的に示している。

おかげで、敷地にはほとんど余裕がない。これだけ大規模な工事を安全に行うには、資材置き場など施工のための十分な用地が必要になるが、東京のど真ん中で、周辺にもそんな余裕はなかった。

後の取材で分かったことだが、ＪＳＣ側はこの巨大アーチについて、工場である程度の大きさのパネルに溶接した上で現地に運搬。長さ30メートル弱の部材に溶接してから順番につなぎ合わせ、３７０メートルのアーチを2本造ることにしていた。建築関係者は、「30メートル弱というサイズにも驚いた。それだけで数百トンの重さになる。それをクレーンで空中につり下げて作業するとなれば、とてつもなく危険で難しい作業になる」と言った。もちろん敷地が狭ければ現場は込み合って、さらなる混乱が予想された。

東京の真ん中に、大量の鉄骨を運び、つって、巨大アーチを溶接する。そのどの作業も建築界の常識を超えていた。

敷地と規模をめぐるこのミスマッチは、計画の白紙撤回が決まった今も、大きな問題点として残っている。それは、撤回後の新しい計画でも、依然として新国立は大きな規模を誇っているからだ。こうした計画の現状については後に述べるが、結局、大きな建物は広い敷地に造るのが自然であり、狭い敷地に造るのであれば適正な規模までサイズダウンを図らないと、さまざまな点でひずみが生じてしまいかねないということだろう。

技術的な難題は必ずコストに跳ね返る

実施設計の話に戻る。次に指摘された「開閉式遮音装置」は、つまり開閉式屋根の問題だった。この開閉式屋根が覆うスタジアム頂上の開口部は、1万5000平方メートルもの広さがあり、しかもその形状は複雑な曲面を描いていた。さらに前述の通り、大分銀行ドームなど開閉式屋根は複雑な構造にならざるを得ないため、トラブルが付き物になっているという事情もあった。

また、将来のサッカーW杯誘致をにらみ、収容人員を8万人としたスタンド。海外には同規模のスタジアムもあるが、新競技場は首都直下地震などに備え、耐震構造を必要とする日本特有の事情があった。これほど巨大な耐震スタジアムの建設もまた未知の領域だった。同様にスポーツやコンサートなど用途に応じて移動する可動席も「これだけ複雑な動きはほかにない」ということだった。

8万人のスタンドも、開閉式屋根も、可動席も、新国立競技場の計画立案の当初から絶対必要なスペックとして検討され、シンボル的存在になってきた。キールアーチもハディドさんのデザインと一体の存在と言えるわけだから、これもやはり新国立競技場にとってシンボルに違いなかった。そうした新国立競技場の顔と言えるような代表的な要素が、いずれもこれからの課題としてのしかかってくる。「チャレンジは当然」と阿部さんに言われても、私は本当に建設できるのかやはり不安に感じた。

この実施設計の策定作業について、記事にする前に何人かの建築家にアドバイスを求めた。

このうち最も多くの人から強調されたのが、「技術的な難題は必ずコストに跳ね返る」という指摘だった。

ある建築家は、建築界のこんな事情を解説してくれた。バブル崩壊以降、国や各自治体が公共事業を抑制した結果、建設業の就業者がこの10年で2割近く減った。ところが最近になって、東日本大震災の復興や、東京五輪の施設整備に伴って、建築の需要が増加した。どこの工事現場も人手不足で、特に型枠大工や鉄筋工など特殊な技能を持つ職人が不足しているという。

「ただでさえ人手不足な上に、腕の立つ職人はどこの現場ものどから手が出るほど欲しがっている。今は完全に売り手市場。難しい工事を決められた工期できっちり仕上げるとなれば、必ずコストに跳ね返る。この建設費の上がり方は尋常でなく、業界ではみんな『コストが読めない』と言っている。人手も足りないから、中小企業の中には仕事があるのにつぶれる会社もあるくらいだ。建設コストの高騰は、五輪施設の整備が一段落するまで続くのではないか」

JSCが基本設計を公表した時のあの1625億円の問題が、頭をよぎった。いったい、いくらで建設できるのだろうか。

「年間3・3億円の黒字」のからくり

8月19日、東京・霞が関の文部科学省で記者会見があった。JSCは、「年間3億3000

万円の黒字になる」という五輪後の収支計画を公表した。

2013年11月下旬、自民党の行政改革推進本部の「無駄撲滅プロジェクトチーム」のヒアリングで、年間収入45億5500万円に対し、支出は41億4800万円となり、年間約4億円の黒字になるという試算が明らかにされたことは、既に触れた。JSCは基本設計の策定に伴ってこの収支計画の見直しを進め、実施設計に入る前のタイミングで発表したのだ。

全体の収入は38億4000万円、支出は35億1000万円で、黒字額とともに目減りしていたが、それでも年3億円以上の儲けを生み出している。だが、この数字にもからくりがあった。

3億3000万円の黒字の内訳をまとめた一枚紙の資料の欄外には、次のようなただし書きがあった。「改築後50年間に必要な大規模な改修費を試算したところ、約656億円となった。(この金額を賄うための修繕費は、上記の収支計画に含まれていない)」

会見でこのただし書きの意味を問うと、JSCの鬼澤佳弘理事は、「大規模な改修費用は国が負担するのが通例なので、この収支には含めていない。大規模改修が必要になった際には、国の補助金を財源に充てることになると思う」などと説明した。「そもそも独立行政法人は独立採算を前提としていないので、運営費として、国から交付金や補助金を受けているのだ」とも説明があった。

この説明によると、通常の維持管理費は国に代わってスタジアムを管理運営するJSCが負担するが、数千万円単位の費用が発生するような大規模な維持管理費は、スタジアムの所有者である国が負担するものであり、それが行政の世界では当然の仕組みなのだということである。

ルールとしてはそうなのかもしれない。運営当事者としては、財源を自分たちで工面しなければいけないのか、補助金をあてにしてもよいのかは、大きな違いがあるだろう。しかし、それはJSCと国の間での問題であって、国民には何の関係もない。JSCが負担しようが、国が負担しようが、結局、公金が使われることに変わりはないからだ。

試みに、この656億円をJSCの収支計画に加えてみた。年間3億3000万円の黒字は、9億8000万円の赤字に転じた。元都庁マンで、かつて2016年五輪の誘致に携わった鈴木知幸さんの懸念を、思い出さずにはいられなかった。

企業・富裕層ビジネスで本当に稼げるのか

この収支計画の中では、コンサートは年間12日で6億円の収入を上げることになっていた。スポーツ大会は80日で3億8800万円だったので、やはりコンサートの優位性は際立っていた。

加えて新しい収入の柱も明らかになった。それが12億5000万円を売り上げる「プレミアム会員事業」と、10億9600万円の「ビジネスパートナーシップ事業」。年間収入は38億4

000万円なので、この2つの事業だけで、6割を占めることになる。「プレミアム会員事業」とは、年間の契約料が700万円の貴賓室を54室分販売するなどVIP会員向けの事業。企業が得意先を接待したり、富裕層が観戦を楽しんだりするケースなどを想定しているようだった。「ビジネスパートナーシップ事業」は、スタジアム内で、契約企業が自社製品や技術をプレゼンテーションする権利を販売する。

いずれも〝サッカーの聖地〟と呼ばれる英国のウェンブリースタジアムなど、海外のスタジアムの例を参考に試算したという。説明を聞いて、こうした事業は、現実に儲けを生むのだろう、とは思った。ただ、稼ぎ出すとされた金額はあまりに巨額だった。この数字が妥当なのか、いわゆる、捕らぬタヌキの皮算用なのかどうかまでは、判断しかねた。はっきり感じたのは一つだけ、この事業が成功するかどうかのカギは、企業や富裕層を惹きつけるだけの魅力的なスポーツの試合やイベントをコンスタントに開催できるかどうかにあるということだった。やはりそれは簡単なことではないように思えた。

1625億円→2100億円？　42カ月→50カ月？

9月25日、自民党の行政改革推進本部の無駄撲滅プロジェクトチーム（PT）が東京・永田町の党本部で開いた会合で、東京建築士会会長の中村勉さんが新国立競技場整備計画の問題点を指摘した。そして、この指摘が、後に顕在化する建設費や工期の問題について正確に予言する内容の指摘になった。

この少し前くらいから、中村さんは旧知の槇文彦さんたちと、計画について独自に検証を始めていた。これ以後、槇さんの考えに共鳴した建築家たちが「槇グループ」を自称して、問題提起をより積極的に行うようになっていく。

中村さんがこの日のPTに参加したのは、JSCが7月に始めた建築5団体との話し合いに、東京建築士会の代表者として出席していたからだった。無駄撲滅PTは座長であり、行革本部の本部長でもある河野太郎衆院議員が中心となって、前年以来、新国立競技場の問題について、特にコストの面から厳しい監視の目を注いでいた。この日の会合は、いわば公開ヒアリングだった。当時、JSCは実施設計に着手はしていたものの、依然として「本当の建設費」ははっきりしなかった。さらに、解体工事の入札をめぐるゴタゴタも続いていた。

出席者はほかに、2016年五輪の招致に携わった鈴木知幸さんや、建築エコノミストの森山高至さん、それにJSC幹部ら。この席上で、中村さんは、JSC側に対し、建設費の1625億円は2100億円くらいまで膨らむと指摘した。さらに42カ月としていた工期も、「最低でも50カ月は必要」と訴えたのである。

5月の基本設計で示された建設費1625億円は、消費税5%で計算されるなど、1年前の古い物価水準で試算されていた。今回、中村さんたちは、3％の消費税増税分に加え、東日本大震災からの復興や東京五輪に向けた建築需要の高まりによる物価上昇も加味したという。つまり、建築資材や作業員の人件費などが今後もずっと上昇し続けると仮定して、将来の建設物価を考慮に入れたのだ。

さらに私が関心を持ったのは、工期への言及だった。これは今までにない指摘である。中村さんたちによると、より規模の小さい日産スタジアム（横浜市、7万2000人収容、建設費約600億円）ですら、竣工には、45カ月程度かかっていた。新国立競技場は、世界でも類を見ないという難工事がめじろ押しで、それは当のJSC自身が認めているのだ。42カ月で済むかどうかは、素人目にも疑問に思えた。そして、もし仮に42カ月で完成しないとなれば、あのラグビーワールドカップ（W杯）に間に合わなくなってしまう。これは建設費の問題以上に、致命的な欠陥を突いているのではないかと思った。

会合が終わり、あらためて中村さんに取材を申し込んだ。数日後には、当時東京・麻布にあった事務所で話を聞くことができた。中村さんは、「調べれば調べるほど、甘い予測に基づいている。このままではコストも工期も余分にかかると思っている」と話した。無駄撲滅PTで「2100億円」とした建設費は、槇さんたちと追加の検討を行った結果、「2500億円にはなるだろう」との見通しをあらためて示した。

この試算の参考にしたのが、旧知のゼネコン関係者らへの独自のヒアリングだった。設計会社にはない、施工のノウハウがゼネコンにはある。実際にそうしたノウハウを求めて、JSCは実施設計にゼネコンを加えることを決め、選定の作業に入っていた。そのゼネコン側の関係者が、中村さんたちに対して、「いくら難工事と言っても、お金と時間さえかければできるでしょう。ただ、ここで示されている予算内に収めるのはかなり難しい」と話したという。

「自信がないとか、逃げ出したいとかは言わないつもり」

こうした建設費やコストについて、当のJSC側がどう考えているのか。先の無駄撲滅PTの会合では、期せずして、JSC側のコスト意識の低さや責任感の乏しさを象徴するような発言が飛び出した。

発言の主は、JSCの技術アドバイザーとして計画に協力してきた日本建築学会元会長の和田章さんだった。中村勉さんが示した試算に対して、「(建設費が仮に)1800億円、1900億円くらいだとしても、確かに大金だが、五輪・パラリンピックの4週間は全国民がエンジョイする。もし1億人で割れば一人1900円です。1週間の間に3日も飲みに行けば、お父さんは家族分くらい使っている。この金額が大きいことは分かっているが、ちまちまけちることはない」と言い放ったのだ。

和田さんはこれまでに述べた通り、デザインコンペの際に応募作品を技術調査した専門家チームの中心人物である。つまり、当時、ハディドさんの案についてコスト面で問題なしと判断した人である。

和田さんの発言の趣旨は、建設費が高くつくと言っても国民1人あたりに換算すれば居酒屋の飲み代分くらいなのだから文句を言わないで協力してほしい、ということだったのだろうが、計画の関係者として、あまりにも乱暴な主張だった。即座に河野太郎座長から「残念ながら我が国の財政は火の車を超えている。1億人で割って、というが、飲みに行けない方もいらっしゃる。(国全体で）社会保障費をどうやって切り詰めるかという議論をやっている中で、五輪だからいくらお金をかけてもいいという議論は謹んでいただきたい」とクギを刺され、陳謝に追い込まれた。

少し後になって、さらに別の角度から当事者たちの心の内が分かるような文書も入手した。

JSCが建築5団体を対象に始めた、非公開の説明会の議事録である。この無駄撲滅PTの2週間ほど前の9月上旬に行われた2回目の会合で、JSCの幹部は、「工費が高騰するとは思うが、どのくらいという点についてはまだ分かっておりません」と、建設費の増加をあっさりと認めていた。

この幹部はさらに続けて、「費用負担をするところと現時点では詰めている段階であり、実際どの程度の予算でできるかは、関係機関も費用負担するでしょうし（中略）関係者と今後タイミングをはかり、その財源をどうするのかについて……、調整つくかつかないかはよく分かりませんけども調整していく」と述べていた。

字面を追う限りでは、あいまいな様子ではっきりしない部分もあるが、財源が問題になっており、その負担者と検討しているということだった。負担者については、国や東京都だと言及していた。

建築団体側からは、「高騰はしょうがないと？」「（公表は）いつごろとお考えか？」などと質問が飛んだが、この幹部は「しかるべきタイミングを見て当然公表しなければいけない」と述べるにとどまった。

別の幹部はこう評した。「このプロジェクトの最大の課題はコスト、それから工期である。今後これらをどうやって圧縮できるかを実現に向けて考えていかなければならない。建設費の高騰であるとか、どこまでこれをしっかり実現できるか、最大の壁を皆さんで課題意識を共有しながら、だからできないということではなく、どう乗り越えていくべきかを検討していくべきだ。（中略）ただ私たちは情報を政府の部内での調整をしながらやっていくしかないのです」

明らかに建設費のアップはやむを得ないと認めながら、それでも何とか低く抑える努力をするという決意表明だった。

この日の会合では、設計会社幹部も発言している。「難しい施設であることは承知している。難しいけれどもギブアップせず最後までやり抜ける自信はある。予算についても、現在の物価上昇は不可抗力であるため仕方ない部分はあるが、目標コストについてはザハさんと全面タッグを組んで邁進していく」。そして最後にこう言った。「自信がないとか、逃げ出したいとかは言わないつもりです」

IOCがコスト削減・環境負荷軽減を提言

国際オリンピック委員会（IOC）は12月、モナコで開かれた臨時総会で、五輪の中長期改革に向けた提言「アジェンダ2020」を採択した。前年秋に9代目の会長に就いたばかりのトーマス・バッハ氏の進める改革路線を色濃く反映した内容になっているが、注目されたのは、開催コスト削減に向けた提言だった。

具体的には「IOCは既存施設の最大限の活用、および大会後に撤去が可能な仮設による施設の活用を積極的に奨励する」「IOCはオリンピック競技大会では、主に持続可能性の理由から、競技の予選については開催都市以外、さらに例外的な場合には開催国以外でも実施することを容認」といった条文である。こうした既存施設の活用や、複数都市での分散開催を打ち出した背景には、五輪の開催都市が巨額の財政負担に苦しむ現状があった。

２０１６年五輪を開催するブラジルのリオデジャネイロでは、景気の後退を背景に会場整備が進んでいなかった。２０１４年、同じブラジル国内で開かれたサッカーW杯でも「福祉や教育の拡充を優先すべきだ」という市民の反対デモが全国に飛び火した。この出来事はサッカー大国であるが故に衝撃的で、日本のテレビでも繰り返し報じられた。スタジアムなどのハコモノやインフラに巨額の投資を強いる大規模なスポーツ大会に対して、民意は厳しい視線を注ぐ時代になったということだ。

「アジェンダ２０２０」の採択後の話になるが、２０１５年７月、開催都市が北京に決まった２０２２年の冬季五輪でも、招致レースでは、オスロやストックホルムなど欧州の４都市が財政負担を理由に立候補辞退し、北京（中国）とアルマトイ（カザフスタン）という２カ国のマッチレースになった。先進国の集まる北米や欧州の国が立候補しなかったことも異例なら、わずか２カ国での争いも異例と言われた。東京の次の２０２４年夏季五輪では、やはり開催費用負担に対する住民の反対を理由に、開催地として有力視されていた米国・ボストンが立候補を取りやめた。

実は、この「アジェンダ２０２０」に通じるような「アジェンダ21」を、ＩＯＣは10年以上前の１９９９年に採択している。「21」とあるのは、「21世紀に向けた行動原則」といった意味合いである。

そこにはこうある。

「競技施設は、土地利用計画に従って、自然か人工かを問わず、地域状況に調和して溶け込むように建築、改装されるべきである」

「既存の競技施設をできる限り最大限活用し、これを良好な状態に保ち、安全性を高めながらこれを確立し、環境への影響を弱める努力をしなければならない。既存施設を修理しても使用できない場合に限り、新しくスポーツ施設を建造することができる」

「施設は、地域にある制限条項に従わなければならず、また、まわりの自然や景観を損なうことなく設計されなければならない」

これを読めば、多額の費用をかけて新設され、周辺の環境にもそぐわないと指摘される新国立競技場の計画が、IOCの理念に逆行していると感じる人は多いだろう。「アジェンダ21」や「アジェンダ2020」に通底するIOCの考えをひと言で言えば、環境的にも経済的にもエコな五輪の推奨だ。既存の国立競技場の改修利用を訴えている森まゆみさんたち、「神宮外苑と国立競技場を未来へ手わたす会」の主張に合致する考え方である。

実際に、この「アジェンダ2020」にお墨つきをもらうような形で、東京五輪全体の会場整備計画は見直されることになった。震災の復興などに伴う建築資材や人件費の高騰で、整備費用が大きく膨らんだためである。会場の8割を選手村から8キロ圏内に収める「コンパクト五輪」は、招致レースに勝利した要因の一つと言われたが、見直しにより一転、開催地は首都圏に分散されることになった。

だが、新国立競技場だけは、例外としてギリギリまで見直されることはなかった。その理由の一つは、計画を見直すことになればまた設計作業からやり直すことになり2019年のラグビーW杯に間に合わなくなるという工期の問題。さらに、2013年9月、五輪招致を勝ちとったブエノスアイレスでのIOC総会で、安倍晋三首相が「どんな競技場とも似ていない真新しいスタジアムの建設」を約束したことを「国際公約」だとする見解もあった。「安倍首相の約束を信じて日本に投票したのに、後で変更するのは約束違反じゃないか」と、国際社会から批判されることを恐れた、というわけだ。

工期の問題は確かに厳しかったが、槇文彦さんたちは、スタジアムをサイズダウンすることで工期の短縮は図れると提言していた。国際公約については既に、コンパクト五輪の公約は破っているのだから、新国立競技場だけ例外扱いするのは矛盾している。そもそも新国立のデザイン自体、既に招致段階から大きく姿を変えている。それに、このブエノスアイレスのスピーチで、安倍首相は福島第一原発事故の汚染水問題を「アンダーコントロール」と述べている。こうした約束違反は放置したままでよいのだろうか。

そして最終的には、自らが提示したこうした理由すら振り切って、政府は計画を白紙撤回することになるわけである。

解体――「日本スポーツ界の聖地」が消えた

談合疑惑まで飛び出した解体工事の業者が決定した2014年12月、遅れを取り戻すように、すぐに工事は始まった。解体のための資材の発注や防音パネルの設置などに始まり、JSCは2015年3月初旬、スタンドを壊す本格的な解体工事に着手した。

工事の現場が報道陣に公開されたのは3月5日。冬の日に特有の、高く澄んだ青空が印象的だった。

カメラを手にした100人近くの一団にまぎれ、かつて選手が駆けたピッチの中央に立った。周辺を取り囲むように整備されたスタンドは、

旧国立競技場のスタンド解体工事の様子（著者撮影）

そこかしこで大型重機によって砕かれていた。重機の数は20台近く。公開された30分程度の間にもガラガラと崩され、鉄筋がむき出しのコンクリート片がうずたかく積み上がっていった。あっけないものだった。この2カ月後の5月8日には、スタンドを含め、競技場本体の解体が終わり、明治神宮外苑の中にぽっかりと更地が出現することになる。1964年東京五輪のメーン会場となり、いくつもの感動の舞台となった「日本スポーツ界の聖地」は、こうして消えた。

森まゆみさんたちの「神宮外苑と国立競技場を未来へ手わたす会」は、スタンド解体の直前まで、競技場周辺で反対のデモを企画するなど、抗議の声を上げていた。この日夜、「レガシー（遺産）の活用とはほど遠い破壊行為が進んでいる」「100年近く守られてきた神宮外苑の森と、戦後復興の象徴である国立競技場をわずか50年で取り壊し、未来の人たちに手わたすことができなかった悔しさを決して忘れない」という内容の声明を公表した。

新しく競技場を建て替えるのではなく、今ある競技場を改修して使い続けることを求めてきた「手わたす会」にとって、取り壊しは厳しい現実だった。当時、メンバーの一人は「会としての活動はこれで終わりになるかもしれない」と私に話した。

さて、この時の私は、残念ながら、これを機に問題に目をつぶったまま、計画は着々と進展していくのかもしれないと思う反面、本当に計画通りに建設できるのかどうか、懐疑的な思いも依然としてあった。これまでの取材でも、「もうこれで終わりか」と思うたびに、新しい問題が噴出して取材を継続してきた経験があったからだ。

このころ、会社に求められて編集局報に取材記を寄せた。その最後には「こんな風に問題を抱えたまま計画が進むことを残念に思う。同時にこれからも書ける原稿を一つずつ書いていきたいと思う」と綴った。

第4章　白紙撤回

――計画自滅までの60日

「計画に問題あり」と初めて公に認める

それは、耳を疑う大ニュースだった。

2015年5月18日、東京都庁に舛添要一東京都知事を訪ねた下村博文文部科学相が、新国立競技場の計画がピンチに陥っていることを唐突に明らかにしたのだ。

「屋根を付けると工期が間に合わない。見積もりも1600億円では追いつかない相当な額が出ている」

槇文彦さんが日本建築家協会（JIA）の「JIA MAGAZINE」にエッセーを発表した2013年8月以降、多くの人が具体的な問題提起を何度重ねても、問題があることを頑なに認めなかった当局が、初めて公に「問題あり」と認めた瞬間だった。

この日、下村大臣が舛添知事を訪ねたのは、新国立競技場の建設費の一部として、500億円を都に負担してもらうよう要請するのが目的だった。この訪問自体は、事前に公表されていた。ただし、まさかこんな暴露があるとは誰も予測していなかったと思う。どうしてこんなふうに、誰もが驚く告白劇になったのか。

元々、この会談は冒頭のみ報道陣に公開し、その後の中身は非公開で行うよう、文科省側が申し入れたという。だが、舛添知事がこれをはねつけ、各社の記者やカメラが居並ぶ前での異例の公開要請となった。

会談の序盤で、下村大臣が「費用の一部を負担していただきたい」と切り出すと、待ってましたと言わんばかりに、舛添知事は建設費や工期などについて質問を重ねた。実はこの時、舛添知事は独自に情報収集し、「建設費や工期が予定を大幅にオーバーするのではないか」といった事情を内々に把握していたという。

後に知事が自身のウェブマガジンなどで明かしたところによると、知事は4月に新国立競技場の整備計画に問題があること知り、東京オリンピック・パラリンピック競技大会組織委員会の会長である森喜朗元首相や、官邸、数人の大臣らを訪問。「東京都としてもできるかぎりの協力をするが、政府から一度も正式な依頼がないので、下村大臣にまずは協力依頼の挨拶に来るようにと、こちらからお願いした」という。ということは、この日の会談は、舛添知事が下村大臣を呼び出したことになる。

問いただすような舛添知事の口調に、たまりかねた下村大臣が、建設費や工期が超過する見通しであることを認めた。さらに、その上で、開閉式屋根の設置を五輪後に先送りし、可動席約1万5000席分を取りやめて仮設席にする対応策を伝えた。

これを聞いて、私はまた驚いた。開閉式屋根も可動席も、新国立競技場整備計画の最初期から構想されてきたシンボル的な設備である。そこに手を付けざるを得ないほど、文科省側は困っているのだ。いくらラグビーワールドカップ（W杯）や、五輪に間に合わせるためとはいえ、この対応策からは、問題の深刻さがうかがえた。

「帝国陸軍を彷彿とさせる壮大な無責任体制」

下村大臣のこの〝暴露〟は、説明不足を追及する舛添知事に対して、理解を求めようという趣旨だったのだろう。だが、返す刀で舛添知事は計画のずさんさを指摘。建設費をはじめ、計画の全体像も明かさないままの負担要請に猛反発し、「都民や議会に説明できる材料がない。情報を開示するべきだ」と訴えて、結局、この日の会談は、物別れに終わってしまった。

下村大臣にすれば、東京都知事は、「オールジャパン体制」で共に新国立競技場の整備計画を推進する、いわば身内のようなものだったはずだ。内々のお願いごとのつもりが、公の場に引っ張り出され、まさかこんな仕打ちを受けるとは思っていなかっただろう。

翌5月19日、舛添知事はウェブマガジンでこう指弾した。

「新国立競技場建設の責任者に能力、責任意識、危機感がないことは驚くべきことであり、大日本帝国陸軍を彷彿《ほうふつ》とさせる。日本を戦争、そして敗北と破滅に導いたこの組織の特色は、壮大な無責任体制になる。（中略）新国立競技場建設について、安倍首相には楽観的な情報しか上がっていなかった。これは各戦線での敗北をひた隠し、『勝利』と偽って国民を騙してきた戦前の陸軍と同じである」

戦後70年の夏を前に、日本を戦争に導いた大日本帝国陸軍になぞらえるとは、痛烈すぎる批判である。だが、この後、舛添知事の文科省批判は、さらにヒートアップしていく。文科省側としても、都に500億円を負担してもらうことはどうしても譲れなかった。こうして、新国立競技場の問題は、知事と大臣の確執として、繰り返しテレビや新聞で報じられることになる。身内同士の言論バトルは、われわれにも衝撃だったし、社会に向けて問題の所在を非常に分かりやすく可視化することにつながった。おかげで、ほとんど消えかけていたはずの世論の火に、油を注ぐことになった。

東京新聞の社内でも、これを機に正式に取材班が発足した。政府、文部科学省、東京都庁、日本オリンピック委員会（JOC）、東京五輪・パラリンピック組織委員会、そして建築家、市民団体……と取材現場が多岐に及ぶことに加え、計画が紆余曲折する中で、同時多発的に様々な動きが起こり始めたからだ。

本書でもこれ以降は、社会部で文科省を担当した沢田敦、上田千秋、都庁を担当する北爪三記、経済部の山口哲人、政治部の我那覇圭の各記者をはじめとした、先輩や同僚の取材成果、執筆記事を引用しながら文章を進めていく。

「500億円問題」の始まりは猪瀬知事の時代から?

「500億円問題」を入り口にして、「新国立競技場の整備計画が、困ったことになっているのではないか」という認識は、急速に広がっていった。実は、発火点になった500億円の負担要請は、この時、急に降ってわいた話ではない。そこには、伏線があった。

さかのぼること、1年半前。2013年11月6日夜、下村博文文部科学相は当時の猪瀬直樹東京都知事と会談した。会談自体は、密かに行われたが、新聞報道などを通じてすぐに広まった。当時の報道などによると、下村大臣は新国立競技場の建設費の一部負担を要請した。

猪瀬知事はどう返答したのか。3週間後の11月29日の都議会の知事所信表明ではこう述べている。

「政府は、東京都に建設費を一部負担するよう求めてきましたが、国立である以上、国が当然負担すべきです。しかし、都民の便益となる周辺の施設の整備についてまで協力を拒むということではありません。協力するには、競技場の設計内容について専門機関による技術的な精査を受け、透明性を高めることが必要です。今後、具体的な中身を文部科学省と話し合ってまいります」

周辺の施設の整備費(周辺整備費)の範囲内であれば、都がカネを出すのはやぶさかではないが、どこまで出せるかは、これから都と文科省で相談するということである。

だが、猪瀬知事は12月24日、医療グループ「徳洲会」からの5000万円授受問題で辞任した。すると、同じ日の記者会見で下村大臣は、「都議会と直接話をして、500億円を東京都が出すということで、内々には了解をもらって準備を進めている」と明らかにした。

当時は、新国立競技場を計画通りに造ると、建設費が3000億円超になることが明らかになり、コスト削減のため懸命の作業が行われていた最中である。その建設費のうち、猪瀬知事が、負担もやぶさかではない、と考えていた「周辺整備費」は当時の計画で、計372億円程度とされていた。「500億円」はこれを上回る。これでは都が周辺整備費を全額負担するとしても、「本体部分」の負担まで含まれる恐れがある。そんなことを、都側が認めたのだろうか。

下村大臣の説明などによると、猪瀬知事が徳洲会の問題にかかりっきりになってしまったために、都議出身の下村大臣が都議会の自民党会派などと直接協議を進めていたという。だが、都側は下村大臣の会見後、すぐにこの「500億円了解」を否定した。

これは何とも不可思議なやりとりだった。真意をつかみかねて、「下村大臣は、知事空位の隙を狙って、都の500億円負担を既成事実化しようとしたのではないか」という推測も流れた。

なぜ大臣は500億円にそんなに躍起になったのか

しかし、疑問なのは、建設費が3000億円を超えようかという議論をしている一方で、どうして下村大臣がそれほど500億円に躍起になるのかということだった。

その理由は後の取材などを通じて段階的に明らかになっていくので、本書でも順に記していこうと思うが、最大の理由は、新国立競技場の建設費の財源のメドがほとんど立っていなかったからである。

普通の公共事業は、先に財源を固め、予算を確保してから事業に着手する。ところが、新国立競技場は予算のアテもないままに、計画だけが一人歩きするようにどんどん進んでいった。財布にお金がなく、将来お金が懐に入ってくるメドもないのに、豪華な買い物をしようとしているようなものだ。一般の家庭ならそんなことはあり得ないし、そもそも支払いのアテがないわけだから、売る方も、そんな人には商品を売ってくれないだろう。でも国はそれをしようとしていた。だから、500億円は、文科省にとっては虎の子だった。

500億円の負担要請は、単に東京都が新国立競技場の建設費の一部を負担するのかどうか、というだけの問題にとどまらない。新国立競技場の整備計画が、いかにずさんな経緯をたどってきたのかを、端的に表す一つの状況証拠だと思う。

ともかく、猪瀬知事が辞任し、2014年2月に舛添知事が就任した後、500億円問題は少なくとも、表向きにはほぼ議論されることなく時間が過ぎた。

都への説明はなし、約束の文書もなし

時間の針を元に戻す。

私は東京都港区の猪瀬前知事の事務所を訪ねた。猪瀬前知事は私の取材に、「2013年11月に下村大臣に会った際、国立競技場の建て替え費用の一部として、500億円を負担してほしいという話はあった。だが『国立の競技場の工事費を都が負担することはできない』と答えた。所信表明で述べたことが全てだ。もちろん、それ以上は何の約束もしていない」と振り返った。

「下村大臣からの要請は口頭だったし、最後まで設計図一つ見せられた訳ではない。どうして金額が500億円なのか、その根拠も説明してもらっていない」とも述べた。

舛添知事もこの「500億円」について、下村大臣とバトルを展開した翌日の5月19日のウェブマガジンでこう述べた。

「（2014年2月に猪瀬知事の後任として）私が都知事になったとき、新国立競技場の建設については、『1500億円の整備（費）のうち、500億円を東京都が負担することになっている』ということが巷間言われていた。そのような約束を誰と誰が行ったのか、知る術も無

い。国と東京都が正式に約束したのなら、公文書で協定書を交わすべきであるが、そのような文書もない」

また記者会見では、都の負担できる範囲としては、競技場と都道を結ぶ連絡橋の整備などで「50億円程度」との見解を示し「500億円という数字の根拠が理解できない」とも述べた。

流れを整理してみると、猪瀬知事の時代から、都側の姿勢は一貫して変わっていない。周辺整備費なら出せないこともないが、500億円払うという約束をした覚えはない、ということである。では、文科省側の言う500億円の約束とはどこから来たのだろうか。

舛添vs.下村、エスカレートする対立

依然として、そのいきさつが不透明な状況のままだった5月26日、また舛添知事が怒りをぶちまける出来事があった。知事は会見で、新国立競技場の建設費のうち、文部科学省が都の負担額を約580億円と試算して、官邸に報告していたことを明らかにした。知事は官邸から直接情報を得たと説明し、「いいかげんな数字(を)でっち上げ(た)」と激怒した。

舛添知事にすれば、新国立競技場の本当の建設費や500億円の根拠について、文科省からの回答を待っている段階である。そこへ相談もなく、文科省が官邸に金額を提示したことで、はしごを外された格好になった。私は、舛添知事が怒るのはもっともだと思ったし、それ以上

に、傍目にも無理筋に見えるほどのやり方で５００億円にこだわる文科省を見て、「かなり焦っているのではないか」と感じた。

このころの舛添知事は、週1回更新する自身のウェブマガジンや、毎週金曜日に都庁の記者クラブで開かれる定例会見で、毎回のように、新国立競技場の問題を糾弾し続けた。そのたびに、知事の言葉はマスコミを賑わせた。おかげで、取材する側としては、「今日は何が飛び出すか」と半分期待し、半分戦々恐々とする日々だった。「舛添劇場」と揶揄する人もいた。

結局、文科省が「5月中に報告する」としていた建設費の積算は期限までにまとまらず、6月以降にずれこむことになった。「舛添劇場」が再び上演されたのは、文科省側が、その報告遅れの説明をしようとした5月29日のことだった。

この日、午前、下村大臣は会見で、「今日、久保（公人）スポーツ・青少年局長に、都の事務的な担当責任者の方にお会いして途中経過を説明するように指示をいたしました」と述べた。同じ日の午後、都庁で開かれた会見で、舛添知事は、「私の求めていることではないので、来る必要はないとお答えした」と、文科省側の経過説明の申し入れを断ったことを明らかにした。途中経過は必要ないから、早く結論を持ってこい、ということだが、大臣が午前の会見で発言したことを、午後には知事が会見で否定するというのは、あまり聞いたことがない。こんなふうに、２人の対立はどんどんエスカレートしていった。

森、石原両氏の間で決まっていた話?

この対立を苦々しく思っていた新国立競技場整備計画の関係者の一人が、東京五輪・パラリンピック競技大会組織委員会会長の森喜朗元首相だった。知事と大臣が火花を散らす間に、「思っていることは3分の1くらいで言わないと」「みんな大人になって、自分たちの役割を分かってくれないと」と話していたが、6月3日に都内で開かれた講演で、500億円の約束の経緯を明かした。これもやはり突然の告白だった。

7月9日付東京新聞朝刊によると、きっかけは猪瀬知事のさらに前任の、石原慎太郎知事の時代にまでさかのぼるという。森元首相の話では、都が最初に五輪招致を目指した2016年大会で、湾岸部の晴海地区に建設する計画だった都立のメーンスタジアムの建設費が、森、石原両氏の2人の間では国と都で折半する約束になっていたというのだ。

だが、招致レースではリオデジャネイロに敗れた。本書で先に見たように、敗戦の理由の一つはメーンスタジアムを湾岸部に置いたことだった、と分析されたため、2020年大会に再挑戦することになると、メーンスタジアムは国立競技場を建て替えて使うことになった。森元首相は講演の中で、当時の建設費の試算を1000億~1500億円と示した上で、「折半から『東京都は3分の1ぐらいかな』という話が、今でも何となく500億（という話）で残っている」と話した。

この記事では、約束相手とされた石原元都知事へのインタビューも併載されている。なんと、石原元知事は、「(森元首相と) 費用の話は一切していない。(森元首相は) 当時、日本体協(日本体育協会) の会長で主会場の建設に権限はない」と、約束をキッパリ否定した。

５００億円の根拠はどこにあるのか。結論について、今もはっきりとは分からない。関係者の言い分がこれだけ食い違うということは、誰かが嘘をついているか、思い違いをしてるかのどちらかだろう。この記事は、「納税者の目が届かないところで、何が決められてきたのか」とまとめてあるが、一連の経緯の中で、はっきりしているのは、その経緯が不透明である、ということである。そして、「国家プロジェクト」をうたいながら、当事者である国と都の話し合いがあまりにも不十分だった、という初歩的な問題である。

特に、５００億円は、新国立競技場の建設のためになくてはならない大事な財源だった。そんな大事なものが、既に旧国立を取り壊し、新国立の着工予定である10月まで5カ月を切ったタイミングでいまだに手つかずだったというのは、お粗末と言われても仕方ないだろう。

圧倒的に不足していた建設費の財源

既に述べたように、５００億円の負担要請の経緯がはっきりしていなくても、文部科学省がこれほど都の費用分担にこだわる理由は、はっきりしている。新国立競技場の建設費の財源が圧倒的に不足しているからだ。

6月25日付東京新聞朝刊によると、この段階で確定していた財源は、国費391億円と、スポーツ振興くじ（toto）の売り上げの5％の109億円（2013年、14年度分）を合わせた500億円程度だけだった。建設費は大幅に膨らむことが確実だというのに、予定額の1625億円の3分の1以下しかないことになる。

このため文科省は、本来はスポーツの普及・振興や選手の強化に充てられるスポーツ振興基金を取り崩し、125億円を建設費に充てることを検討していた。だが、それでも足りないので、超党派の国会議員でつくるスポーツ議員連盟は、totoの対象をサッカーだけでなく、プロ野球に拡大する検討まで始めていた。

プロ野球界では1969～71年、野球賭博にからんで八百長を行った選手が永久失格となった「黒い霧事件」が起きており、導入には慎重論が相次いだ。スポーツ政策に詳しい議連からすれば、こうした反発は簡単に予想できたはずだと思うが、そこに踏み込まざるを得ないぐらい、財源の問題に関係者が頭を悩ませていたということだろう。

こうした状況を踏まえれば、都からの500億円は是が非でも確保したいのが、文科省の本音だった。

確かに、「新国立競技場は東京五輪のメーンスタジアムなのだから、開催都市の東京都にも負担してほしい」という文科省の言い分も分からないではないが、「国立競技場だから原則は国が費用を負担する」という舛添知事の主張はやはり、正論に思えた。

地方財政法12条では、自治体が権限を持たない事務の経費を、原則として国は自治体に負担させてはいけないなどと定められている。この条文に照らせば、本体工事分を都が負担することは難しい。

もし、無理に負担すれば、訴訟リスクを背負うことにもなる。地方自治法では、不透明な公金支出などに対しては、住民が住民監査請求で是正を求めることができ、退けられても住民訴訟で、投入された公金の返還などを求めることができる。実際に、計画に反対してきた市民団体「神宮外苑と国立競技場を未来へ手わたす会」の関係者は、監査請求の検討を行っていた。

舛添知事はウェブマガジン（6月9日）で、「大会の成功のためには、都民も財政面を含めて協力は惜しまないと確信しているが、都民に説明のできないカネ、法的に支出が禁じられているカネは、一円たりとも支払うことはできない」と綴っている。

知事が「正論」にこだわる背景には、監査請求や住民訴訟の標的になることを避ける意図もあったようだ。

建設費は900億円アップの2520億円

文部科学省は、6月末までに建設費の全体像を明らかにすると公言していた。そのリミットの1週間前に当たる6月24日、社会部で文科省を担当する沢田敦記者の取材で、文科省が建設費を2520億円と試算していたことが分かった。前日の23日夜、下村博文文科相自ら、官邸に報告していたという。その金額は、1625億円から900億円のアップ。当初の予算の1300億円からすると2倍近かった。

これが、どれくらい高額か。過去の五輪のメーンスタジアムと比べてみると、その突出ぶりがよく分かる。東京新聞の過去の記事のデータベースを元にするなどして、当時のレートで建設費を計算してみた。

アトランタ大会（1996年）8万3000人収容　約250億円
シドニー大会（2000年）11万人収容　約510億円
アテネ大会（2004年）7万5000人収容　約360億円
北京大会（2008年）9万1000人収容　約510億円
ロンドン大会（2012年）8万人収容　約580億円

これを見ると、直近の五輪で最も高額だったのは、ロンドン大会の580億円である。そもそも1300億円とか1625億円という金額がどれほど莫大だったかに気づかされるが、2

520億円にいたっては、そのロンドン大会のメーンスタジアム4個分の金額に達することになる。

ちょうど同じころ、ギリシャの財政危機が世界的なニュースになっていた。ギリシャは、国際通貨基金（ＩＭＦ）への債務を返済できなくなっていたのだが、その額が約２０００億円だった。やはり、２５２０億円の巨額ぶりは際立っていた。

どうしてこんな数字がはじき出されたのか。後々の取材まで含めると、水面下では、いくつかの紆余曲折があったことが分かってきた。判明している範囲で、それを振り返ってみたいと思う。

ゼネコン側の当初試算は3088億円

「建設費は３０８８億円。完成も計画の２０１９年3月は超えてしまう」

施工予定者として実施設計の技術協力に当たった竹中工務店と大成建設が、日本スポーツ振興センター（ＪＳＣ）に報告を上げたのは２０１５年1月だった。

両社が設計に参加したのは２０１４年12月上旬。それまで表向きの建設費は、同年5月、基本設計時に公表された１６２５億円とされてきたが、たった1カ月余りの作業で、それを大幅に超える数字を試算してきたのだ。

日建設計、日本設計、梓設計、アラップの４社による設計ＪＶ（共同企業体）による設計作業は、２０１３年の夏前には始まっていた。およそ1年半続いたその設計作業は何だったのか。「建設費は１６２５億円」と言い続けてきたＪＳＣの幹部は、私の取材に当時を振り返り、「こんな数字は見たくなかったというのが正直な気持ち。とても信じられなかった」と落胆した。

このころ、ＪＳＣ側の想定していた増額の要因は、１６２５億円に未算入だった、消費税の増税分や物価の上昇分などが主なものだった。そうした数字を加味した場合の試算も、設計ＪＶがはじいていた。その額は２１１２億円。だが、ゼネコンの出してきた数字は１・５倍近くにもなった。

これに対してＪＳＣが取った判断は、ゼネコン側への金額圧縮の指示だった。この幹部は、「ゼネコンも赤字を出すのは避けたいので、さまざまなリスクを加味して見積もった数字だろうと思った。この数字はもっと圧縮できるだろう、何とかなるだろうと考えた」と話した。

厳しい言い方をすれば、こうした発言からうかがえるのは、コストに対する危機意識の低さである。通常、設計会社だけで行う設計業務に、ゼネコンを引き込む異例の対応をわざわざ取ったのは、難工事に対処するゼネコンのノウハウがほしかったからだ。であればこそ、ゼネコンの出した試算にもっと敏感になってもよかったのではないか。これは、今だから言えることかもしれないが、もし、この時に計画の抜本的な見直しを検討していれば、時間やお金の浪費を少しでも防ぐことができたかもしれない。

優先順位はコストより工期

ところが、彼らはそうはしなかった。実は、建設費よりも彼らに衝撃を与えたのは、工期のオーバーだった。

別の幹部はこう振り返った。

「建設費よりも、工期の方がショックだった。３０００億がいいっていう訳じゃないんだが、極端に言えば、建設費は政治判断で何とでもなる。でも、工期が間に合わないとラグビーW杯ができなくなる」

２０１９年に行われるラグビーW杯は、新国立競技場がメーンスタジアムとなることが決まっている。そもそも新国立競技場建設は、このラグビーW杯が大きな後押しとなって検討された。森喜朗元首相らが音頭を取り、超党派の議員連盟が２０１１年、国立競技場を8万人規模に整備するよう求める決議を採択したことは、既に見た通りである。

だが、ゼネコンの試算通り２０１９年3月までに完成しないと、このW杯で使用できなくなる恐れが強まる。

この幹部は「私たちのミッションは、まずはラグビーW杯に間に合わせて完成させること。

だから、それに間に合わないのは非常にまずい。どちらかと言うと、ゼネコンと最初に対応を検討したのは工期なんです」と言った。優先順位はコストよりも工期の方が上だった。

2月13日、JSCは文科省に対して、3088億円と2112億円の2つの試算を報告した。受け取った文科省側の反応も、JSCと同様に危機意識は希薄だったようだ。

文科省関係者によると、JSCに調整を指示しただけで、積極的に問題に介入することはなかった。

だが、JSC幹部が「何とかなる」と考えたコストは思うように下がらず、最も重要視した工期の短縮までも難しいことが分かった。下村博文文科相に報告が上がったのは、4月になってからだった。

後に下村大臣自らが国会答弁などで明かしたところによると、JSCの河野一郎理事長自らが報告に訪れ、「JSCだけでは対応は無理。文科省の力を貸してほしい」と助けを求めた。これを受け、大臣主導で、開閉式屋根の先送りや可動席の仮設化といった対応策の検討が始まったという。

「これが見直しのラストチャンス」——槇さんたちの提言

こうした状況下で5月18日を迎え、舛添要一東京都知事との会談を通じて、国が計画の見直しに着手していることが、いちやく社会の知るところとなった。

同様に下村大臣自身の説明によると、この後、下村大臣はさらに踏み込んだ対応を検討している。これは私も驚いたが、考慮した一つが、槇文彦さんらの提案だったという。

槇さんたちの建築家グループは、下村―舛添会談を受けて、これまでの問題提起の内容をあらためてまとめ直し、5月29日、「キールアーチの構造がコスト高や長工期の原因である」という提言を公表した。

この提言は、五輪後にあらためて設置するとしていた開閉式屋根を完全にあきらめ、屋根の構造自体を、巨大アーチ構造からもっと建設しやすい簡易な構造に変更することなどを求めていた。キールアーチをやめるということは、当局側が「国際公約」として、こだわってきたザハ・ハディドさんのデザインを捨てることも意味したが、そうすることで、建設費は1000億円程度まで削減でき、工期も予定通りラグビーW杯に間に合う、と訴えていた。

開閉式屋根を先送りしたり、可動席を仮設にしたりして、急場をしのごうとしても、それは言ってみれば、対症療法のようなものにすぎない。JSC自らが認めている通り、今後は難工事がめじろ押しになる。全てをゼロにして一からやり直すのはさすがに無理だとしても、ある程度、踏み込んで抜本的な対応を取らなければ、また何かのきっかけで建設費や工期がオーバーする可能性は十分ある――。槇さんたちはそう考え、屋根の構造の変更を求めたのだ。

6月5日には、記者会見を開き、槇さんは「これは警告の意味を込めた提言。時期的にも、見直しのラストチャンスだ」と訴えた。

その槇さんが、密かに東京・永田町の自民党本部を訪れたのは、6月17日のことだった。当時、下村大臣と連動する形で動いていたのが、河野太郎衆院議員を本部長とする自民党の行政改革推進本部だった。河野さんは、特にコスト面から新国立競技場の問題に関心を持ち、行革本部や無駄撲滅プロジェクトチームの会合でも議題として取り上げてきた。自民党や建築界の関係者によると、3000億円超のゼネコンの試算について独自情報を得ると、下村大臣と掛け合って、行革本部で槇さんのヒアリングを行うことを決めたという。この日のヒアリングには、下村大臣の名代として、丹羽秀樹文科副大臣も同席した。

会合は、行革本部が槇さんから提案内容を聞き取るというよりも、槇さんや河野さんらが丹羽副大臣に訴えるという様相を呈した。だが、丹羽副大臣は、「今からデザインを変えるのは国際公約に反する」などと述べ、「意見を持ち帰って、省内でよく検討する」ということになった。

自民党関係者によると、同じころ、行革本部の一部からは、ザハ・ハディドさんのデザインを捨てることと、ラグビーW杯を別の会場で行うことなどが、問題の解決策として、下村大臣に提案されたという。これは、槇さんたちよりもさらに踏み込んだ訴えだが、ラグビーW杯の会場を変更すれば、2019年3月までという完成期限が、2020年の東京五輪開催まで、さらに1年延びる。つまり、工期を延ばすことができるので、計画の見直しはグッと自由度が増し、建設費を下げるためのより踏み込んだ検討ができる可能性があった。

五輪後は野球場に改修するという案も

このころは、いくつかの提案が飛び交っていたようで、さらに、もっと別の角度からのものもあった。代表的なのは、五輪の開催時は仮設席を多用した陸上・サッカー兼用スタジアムとして整備するが、五輪の閉幕後は野球場に改修してプロ野球チームを誘致してしまおうという驚きの計画案である。これはデザインも含めて、これまで検討してきた計画をほぼ全て白紙に戻すことを前提に、五輪の開催時よりも閉幕後の利活用に重点を置いた点でも新しかった。多額の黒字を生み出す欧米のスタジアム経営をまね、経済的な合理性を追求した提案、という触れ込みだった。

作成したのは都内のスポーツ関連企業。ちょうど計画の見直しが始まったのと同じ春以降に、文科省や官邸の関係者、自民党の文教族の国会議員らに提案を続けていた。議員サイドに取材してみると、自民党内で一定の支持を得ている様子が見てとれた。

同社に取材を申し込むと、社名を伏せることを条件に、5月、話を聞くことができた。幹部は「これで金もうけしようとしている訳ではない。われわれの願いは、日本のスポーツが欧米のように産業化し経済成長の核になること。だが、今の案は日本のスポーツ産業をダメにしてしまう」と話した。建設費が増大し、完成後も実質的に赤字が見込まれる、新国立競技場の現行計画の問題点を並べ立てた。

案によると、五輪時には8万席のうち7割近い5万5000席を仮設で建設し、開閉式屋根はやめる。五輪後は仮設席を取り除いた上で、5万席の野球場に改修する。収容人数を少なくするのは、8万人の観客を呼ぶのは日本の国民的なスポーツの野球でも難しいからだ。また、専用球場とすることで、試合やイベントなどスタジアム運営は、貸し出す先のプロチームに任せ、原則的に所有者である国側は、賃料を受け取るだけで済むメリットがあるという。

建設費については、仮設席を多用することで競技場本体分は600億円に抑えることができ、関連の周辺整備費を含めても837億円でできるという。五輪閉幕後に、野球場に改修するには、350億円かかるが、年間50億円の賃料で貸し、20年で建設費を回収できる、と同社は見ていた。

取材の際、同社幹部が参考例として挙げたのは、アトランタ五輪とロンドン五輪のメーンスタジアムだった。アトランタでは、五輪後に規模を約4割縮小して野球場に改修。大リーグ・アトランタブレーブスの本拠地になった。ロンドン五輪でも約3割縮小し、2016年からサッカー・イングランドプレミアリーグのウエストハムの本拠地になる。

この幹部は、スタジアム経営で収益を上げる絶対条件として、適切な規模へのサイズダウンと、プロチームの誘致の2点を示し、「野球場でなくサッカー専用スタジアムにしてJリーグのチームを誘致してもいい」と言った。

陸上、サッカー、ラグビーなどで数々の名勝負が演じられた、伝統ある国立競技場を、野球場にしてしまおうという斬新さや、巨額の税金を投じる国立のスタジアムを民間の一チームの本拠地にすることに国民の理解が得られるのか、といった疑問はあったが、その発想と担当者の説明自体には、確かに説得力があった。

自民党内で積極的に評価していた一人が、後藤田正純衆院議員で、「五輪のためと言いながら、閉幕後、誰も使わないような巨大競技場を莫大なお金で造るのは誰が見てもおかしい。新提案は断然現実的で、私もいろんな人に紹介している」と話した。

複数の党関係者によると、下村大臣もこの提案の説明を受けた。内容を評価しつつ、「もっと早く持ってきてくれていればよかったが、今からでは間に合うかどうか」と漏らしたという。

下村大臣は槇さんに会っていた

こうした流れにあった6月下旬ごろ、下村大臣は槇さん本人にも直接、面会していた。

そのころ、私は、下村大臣の方から槇さんに接触を試みようとしているのではないか、という話を人づてに聞いていた。その話を私に教えてくれた人は、新国立競技場整備計画の関係者だったが、「大臣は文科省の職員に任せるわけではなく、独自に動いているようだ。あなたが下手に動いて、大臣の動きが表面化すると、計画そのものがつぶれるかもしれないから、慎重に取材した方がよい」とアドバイスしてくれた。

別の文科省関係者によると、確かにこのころ、下村大臣は活発に情報収集していたらしい。計画の関係者の中には、「海外の出張先まで何度も国際電話がかかってきた」という人もいたし、「文科省の事務方も大臣の動きを把握しきれていないようだ」と証言する人もいた。

槇—下村会談については、固く口止めされているらしく、槇さんサイドからは全く裏づけは取れなかった。自民党の行革本部の会合で、丹羽副大臣はつれない様子だったということは聞いていたが、もし本当に大臣自らが面会を申し出たのであれば、何らかの脈があると考えるのが自然だ。新聞記事に書けるような、確たる事実は何もつかめなかったが、一気に計画が動くかもしれない、という期待感は少しずつ高まった。

なぜ〝槇案〟への変更を断念したのか

下村大臣は6月22日の記者会見で、槇さんの提言について「前向きな提言であり、謙虚に耳を傾けた上で最終判断したい。この1週間ぐらいに最終決定しないといけない。コストダウンできるかを含め、ぎりぎりの検討をしている」と述べた。

一方で、時間的な問題などから、「現在のデザインを白紙にして、やり直す訳ではない」とクギも刺したが、「謙虚に耳を傾けたい」という発言はかなり踏み込んだ印象があった。その発言が表向きは何の前触れもなく、突然だったこともあり、会見終了後、発言の真意をはかりかねた文科省を担当する各社の記者の間でも、どう記事にするべきかで、多少、議論になったらしい。

下村大臣が槇さんと会談したのは、このころだったようだ。槇さんは工程表を示して、見直してもラグビーW杯に間に合う、と主張した。

自身が後に明らかにしたところなどによると、下村大臣は、こうした槇さんとの会談などを経て、ハディドさんのデザインを捨てる腹をいったんは固めた。そして、官邸に安倍晋三首相を訪ねて、槇さんの案を含めて他の案で見直すよう進言した。デザインを変更して抜本的な修正に踏み込まないと、建設費が下がらないと考えたようだ。

だが、安倍首相との話し合いでは、計画見直しの結論には至らなかった。その理由は、見直した場合に、ラグビーW杯や、東京五輪に確実に間に合うかどうかまでは確信が持てなかったという、工期の問題だった。安倍首相からは、「さらに研究を進めてほしい」との指示を受けたという。首相側には、招致段階からデザインが変わることで、国際公約違反と指摘されることへの危惧もあったらしい。

さらに、決定的だったのは、組織委員会会長でもある森喜朗元首相のひと言だったようだ。森元首相に近い関係者によると、下村大臣は、〝槇案〟の検討を踏み込んで明言した、あの記者会見の翌日の6月23日、〝槇案〟に変更してはどうか、森元首相のもとへ説明に訪れた。だが、森元首相からは、やはり「国際公約違反」となることへの危惧や、見直しによって工期が間に合わなくなることへの懸念が示され、変更に同意は得られなかった。

下村大臣が官邸を訪れ、〝槇案〟への変更を断念し、建設費が2520億円になることを報告したのは、同じ日の夜のことだった。

開閉式屋根先送り、可動席の仮設化で正式報告

6月29日、東京五輪・パラリンピック組織委員会の関係機関のトップが集う調整会議が開かれ、下村博文文部科学相は、新国立競技場の建設費を2520億円とする見直し案を報告した。見直し案の正式な公表としてはこれが最初の機会だった。さらに、完成予定時期が2カ月遅れ、2019年5月になることも伝えた。5月に舛添要一東京都知事との会談で明かしたように、開閉式屋根は五輪後に先送り、可動席1万5000席分は仮設化されることになった。

終了後、記者団の囲み取材に応じた下村大臣は、抜本的な修正に踏み切らなかった理由について次のように述べた。

「予算は1625億円ですから、相当上回った。もっとコストダウンできないか、直接、関係者に会って、交渉した。ザハ・ハディド氏以外の案を考えている人に私も広く会った。その結果、ラグビーW杯に間に合わせるために、大幅な変更は残念ながら間に合わない（ことが分かった）。それと、招致の時に、新国立競技場は大きなセールスポイントとして訴えてきたという経緯がある」

さらに槇文彦さんの提案について、「私は槇さんたちにも直接会い、詳しく話して、『間に合う』と聞いた。だが、JSCや施工業者、第三者的なゼネコン、専門家からもお聞きした中で、客観的に見て、W杯に間に合わないだろうと（私は判断した）。もし間に合わない時にどう責任を取るかというと、これは相当リスクがある。そもそもハディド氏の案でも、2019年3月の（完成）予定を5月に先延ばすなどギリギリだ」と述べた。

下村大臣のこの説明によれば、抜本的な修正に踏み切れなかった大きな原因は、工期と国際公約ということだった。特に工期については、やはりラグビーW杯の条件を外せなかったことが響いたようだった。

期待が高まっていた分、この結論には落胆した。工期も国際公約も、以前から、計画を見直さない理由として、しばしば挙げられてきたものであり、結局はこれまで通りの結論に落ち着いたという印象が強かった。

槇さんたちが懸念していたように、対症療法的な軌道修正で乗り切ろうとすれば、さらに後になって、もっと大きな問題が生じる可能性は十分にあった。だが、これだけ世論の注目を集めた見直しのチャンスでも、抜本修正に踏み切れなかったのだから、これ以上の見直しは難しいかもしれないとも思った。

問題だらけのまま進む計画

この日、「2520億円」が正式に公表されたことで、財源の問題もあらためてクローズアップされた。1625億円の段階ですら財源が枯渇していたのに、2520億円に膨らめば、さらに厳しくなるのは当然だ。

下村大臣は、新しい財源として、新国立競技場へのネーミングライツ（命名権）や寄付で、総額200億円程度を捻出する考えを示した。だが、ネーミングライツは、国内で最初に導入した味の素スタジアム（東京スタジアム）で年2億円、日産スタジアム（横浜国際総合競技場）で年1億5000万円程度である。寄付金を合わせるとはいえ、200億円は破格の数字に思えた。

財源問題については、東京都から500億円の負担を引き出せるかどうかが、依然として重要なポイントだった。舛添要一知事は負担に慎重であることに変わりはなかったが、一時の激しい批判は徐々にトーンダウンしていた。

きっかけは、6月18日、森喜朗元首相との会談だった。「これを食べて甘くなりなさい」と、森元首相が、冗談交じりに故郷の石川県産のハチミツを手渡した。笑顔で受け取った舛添知事だったが、非公開の会談の中で「少し言い過ぎではないか」と、ピシャリとクギを刺されたという。

それまで5週連続で続いた自身のウェブマガジンでの批判も以後は止み、会見などでも以前の突き放すような発言は減っていた。調整会議後も、「2520億円は高いが、金額にふさわしい良いものを造ってほしい」と理解を示した。

これに対し、森元首相は、「政府と都は話し合いを精力的に進めてほしい」と語った。下村大臣の槇案への変更断念といい、要所で森元首相の存在が効いていた。

2520億円は、過去の五輪のメーンスタジアムの建設費と比べてみても、とんでもない金額である。しかも財源の裏づけもない。

槇文彦さんはこの決定を受けて、「下村大臣は、ラグビーW杯に間に合わないから仕方ない、と言っているように聞こえる。『仕方ないんだ』という口ぶりは、彼ら自身が本音では、この計画に問題があることを認めている証拠ではないか」と言った。

大臣が「槇さんの案も検討した」と会見で述べたことを伝えると、「こちらは間に合うと考えて、工程表を出した。それをあちらが検討して『間に合わない』という結論を下したのでしょう。それで、間に合わないなら、ラグビーW杯を別の会場で行えばよいと思います」と話した。

もっともな意見だ。しかし、新国立競技場の建設に向けて後に残されたステップは、新国立競技場整備計画の事実上の意思決定機関となってきた有識者会議で、この計画変更案を諮ることだけだった。そこで承認が得られれば、ゼネコンと契約して着工の手続きに入ることが決まっていた。

ちょうど、このころ、知人を通じて、ある週刊誌の記者から、新国立競技場の問題についてアドバイスをもらえないかと連絡を受けた。これまで週刊誌ネタではないと静観してきたが、5月以降のゴタゴタで、ようやく取材に着手することになったという。記者は私に、「まだ取材を始めたばかりだが、正直言って、どこから手を付けてよいか分からない。どれもこれも問題だらけだからです」と言った。

それでも計画は前に進むことになったのである。

責任追及の声もなく有識者会議が計画を了承

7月7日、JSCの諮問機関である有識者会議の第6回会合が、東京都港区のホテルで開かれ、2520億円の計画案が了承された。手続き上、着工前の最終関門であり、計画について公に検討するほとんど最後の機会だったが、出席した12人が全会一致で承認し、わずか1時間余りで終了してしまった。膨れ上がった建設費について、原因や責任を追及する声はほとんどなかった。

会合では、配布資料に基づいて淡々と議事が進行した。建設費がアップした理由として、資料には、「消費税の増（40億円程度）」「建設資材や労務費の高騰（350億円程度）」「新国立競技場の特殊性（765億円程度）」と記載があった。

消費税の増税や建築資材などの高騰はまだ分かる。だが、最も大きな金額となった「新国立競技場の特殊性」とは何だろうか。

JSCが後に記者団に説明したところによると、巨大なキールアーチのほかにも、新国立競技場の屋根や外装材は、ザハ・ハディドさんのデザイン上、複雑な曲面を描くなどしており、加工には難易度の高い特殊な技術が必要だった。一般の建築資材では間に合わず、特注品を使う必要があったが、それを製造できる業者は国内に数社しかないという。

さらに、現場で溶接して組み立てるにも、専門の技術を持つ職人がたくさん必要になる。こうした一連の工程を、震災復興や五輪特需による建築ラッシュの中で行うから、どうしても費用が高騰せざるを得ない、ということだった。

有識者会議の終了後に開かれた記者会見では、JSCの鬼澤佳弘理事が、「建設業の繁忙状況の中、新国立の象徴的デザインの持つ技術的困難性が、『特殊性』として価格に影響を及ぼしている」と説明した。

この回答に対し、会見では、「『特殊性』はデザインが決まった段階で分かっていたんじゃないのか」とか「見積もりが甘かったんじゃないか」という批判的な質問が出た。当然だ。

たとえば、「建設業の繁忙」などは、五輪招致が決まった段階で既に指摘されており、当時、東北を中心に公共工事の不調が相次ぐという事態も起きていた。「なぜ、今になってそんな理由で建設費の上昇を認めるのか」というのが、記者側の正直な感想だったと思う。これに対して、河野一郎理事長は「これだけ建設業界が忙しくなることは予測できなかった」と述べるにとどまった。

「黒字幅10分の1、実質赤字2倍」の収支計画にも質問なし

だが、こうした質疑は記者会見で交わされたのであって、本番の有識者会議の中ではほとんどなされなかった。委員が質問しないからである。

有識者会議での議論がどれほど低調だったかは、新たな収支計画についての説明が象徴的だった。ＪＳＣは、前年8月に示していた基本設計段階での収支計画の修正案を示したのだが、黒字幅は何と、３億３０００万円から３８００万円へと、10分の1近くに落ち込んでいたのだ。一方で、建設後50年間で必要になる大規模改修費は、６５６億円から１０４６億円に増加していた。これを踏まえると、実質的に年間20億円以上の赤字になる。この赤字幅は基本設計段階から2倍以上に増えている。

建設費が２５２０億円に増えただけでなく、完成後の収支計画も悪化していたということである。

しかし、会議では、鬼澤理事が説明しただけで終わり、委員からは何の質問も出なかった。その時間はわずか1分である。会議を傍聴しながら、「どうしてこれを突っ込まないのか」と思うことが何度もあったが、大げさでなく、一時が万事こうした調子だった。

開閉式屋根と可動席をあらためて要求する発言も

翌日の東京新聞朝刊では、参加した主な委員の発言要旨を掲載している。それを元に、振り返ってみる。

「建設費が２５２０億円に膨らんだというのが、いろんな批判を浴びている一番大きな要因だ。

なぜそうなったのかという説明がかなり足りないのではないか」。建設費に対して指摘したのは、「2020年東京オリンピック・パラリンピック大会推進議員連盟」幹事長代理の笠浩史衆院議員（民主党）だけだった。

日本オリンピック委員会の竹田恆和会長は、「工期に間に合うことが一番重要。デザインを変えることで間に合わないということになれば問題で、このデザインで進めざるを得ない。国際公約を守ることは重要だ」と理解を示した。

このほか、

「日本、スポーツ界の象徴となる。お金がかかりすぎるという意見もあったが五輪が済んでからもいろんなものに使える」（張富士夫日本体育協会会長）

「速やかに建設に着手すべきだ。旧国立競技場の跡を眺めていると、そこに建てるべき新しい国立競技場の構想が固まらないのがなんとも悲しかった」（横川浩日本陸上競技連盟会長）

「競技場の本体、周辺でアクセシビリティ（利用しやすさ）が高レベルで担保されている。世界に誇れる施設だということを前向きに訴えていくことが大事だ」（鳥原光憲日本障がい者スポーツ協会会長）

などと、各スポーツ団体のトップからは、計画推進を求める声が相次いだ。

ＪＳＣの技術アドバイザーを務める和田章日本建築学会元会長も同席しており、「世界でも日本の建築会社は信頼がある。間に合わないことは絶対にない」と断言した。

さて、こうした委員の中でも特に印象に残ったのは、ワーキンググループの座長やデザインコンペの審査委員を務めた中心メンバーの小倉純二日本サッカー協会名誉会長と、作曲家の都倉俊一さんだった。

小倉名誉会長は、「男子のサッカーW杯の開催には常設席8万人という規定があり、仮設では招致できない。僕は国際公約だと思う。五輪が終わってからでもいいので、常設とすることを確約いただきたい」などと訴えた。

常設の8万席のうち可動席1万5000席分を仮設にするのは、3000億円以上に膨らんだ建設費を下げるためだ。小倉名誉会長はそれを復活させることを強く求めたのである。

都倉さんは、「世界のアーティストが憧れるコンサート会場になることは明らか。(開閉式)屋根はマスト(不可欠)だ。将来の採算のためにも中途半端でないものを造ってほしい。屋根がないと天候に左右され、外国のアーティストと長期契約が結べない」と訴えた。

開閉式屋根も、やはり建設費や工期の問題などから、五輪後に設置を先送りすることを決めた設備だ。にもかかわらず、それを確実に設置してほしい、という訴えだった。

将来の利活用を考えた場合、可動席も開閉式屋根も、それぞれの立場からすれば確かに必要かもしれない。だが、今目の前にある2520億円の建設費や財源の問題について何の異論も挟まず、さらに追加で費用が必要になるような将来の希望を主張するのは、奇異に感じられた。現在の問題が解決できなければ、将来など訪れようがない。

「人のカネだと思っているからこんなことが言える」

だが、驚くのはまだ早かった。小倉名誉会長の要望に対するJSC側の回答には、さらに啞然とした。

終了後の会見で、要望への対応について記者に問われたJSCの鬼澤佳弘理事は、「基準を満たせるような設計を検討していくことで、将来のW杯招致など国際大会に支障がないようにしたい」と述べた。

質問した記者が驚き、「コストを下げるために仮設にしたのに、常設に戻すことも検討するのか」と問い直した。すると、今度は河野一郎理事長が引きとり、「2020年が終わった後に常設化を検討する。もし可能であれば、それ以前でも（常設化を）検討していきたい」と、常設化の検討を明言した。

繰り返して言うが、8万席のうちの一部を仮設にすると文科省が決めたのは、建設費や工期の問題があるからである。土壇場で計画を混乱に陥れることになる、その判断は、ギリギリの選択だったはずだ。にもかかわらず、有識者会議の委員にひと言、突っ込まれただけで、その判断をあっさり撤回する可能性を、河野理事長は認めたのだ。しかも、そのタイミングは五輪前もあり得るという。

ＪＳＣは新国立競技場整備計画の事業主体であり、有識者会議は計画の事実上の意思決定機関である。両者はともに二人三脚で歩んできた。ここまで建設費が上昇し、計画が迷走している原因やその責任について、どう考えていたのだろうか。

東京新聞の取材班ができてまだ2カ月もたっていなかったが、当時、メンバーの一人が発した言葉が記憶に残っている。「建設費が２５２０億円に膨らんだ理由がよく分かった。この人たちは公金を扱っているという認識がない。自分のカネだったらこんな使い方は絶対にしないだろう。人のカネだと思っているからこんなことが言えるんだよ」

出席委員の発言の紹介に戻る。森喜朗元首相は「新国立競技場は五輪やラグビーW杯が終わっても日本のスポーツの聖地として50年、60年使われるのが願い。国家プロジェクトであり、(さらに膨らむ想定もあった) 価格がここまで圧縮されたのは極めて妥当だ」と述べた。

続いて発言したのは舛添要一知事。文科省やＪＳＣへの批判を繰り返してきたが、「ラグビーW杯と五輪に間に合わせて、しかるべきものを造っていただきたい。五輪開催都市の知事としてはラグビーW杯と五輪に絶対間に合わせてほしいし、文科省、ＪＳＣの責任において、しかるべきものをきちんと造ってもらいたい」とだけ述べて、計画を容認した。

委員のうち、建築家の安藤忠雄さんと、日本学術振興会の安西祐一郎理事長は欠席した。安藤さんは、委員のうち唯一の建築の専門家であり、デザインコンペの審査委員長も務めた。これまで新国立競技場整備計画について、公に発言してこなかったこともあり、その発言に注目が集まったが、理由も告げずに欠席した。

たった30分の質疑応答で打ち切られた会見

終了後、休憩を挟んで、ホテルの同じ部屋で会見が始まった。記者やカメラマンを合わせて200人くらいはいたと思う。

冒頭、河野一郎理事長のスピーチがあった。

「この新国立のデザインは、2020年オリンピック・パラリンピックの招致の強みとして、IOC（国際オリンピック委員会）に対し、発信された。2013年のIOC総会の最終プレゼンでもほかのどんな競技場とも似ていない、真新しいスタジアムを建設する、として発信された。その結果、2020年東京大会開催を勝ちとれた。このことについては記憶に新しい。新国立は旧国立同様、50年後、100年後も親しまれる日本のシンボルとなるよう、国民一人一人の財産、レガシーとして多くの人の支援をいただけるよう、JSCとしてあらゆる努力を惜しまない」

ほぼ同じスピーチは有識者会議の冒頭でも行われたが、何度聞いても私には、「国際公約を果たし、レガシーとなるスタジアムにするからお金はかかっても仕方ない」と言っているようにしか聞こえなかった。

続く質疑応答では、河野理事長自身の責任を問う質問も出た。だが、ここでも、「JSCはこのデザインを前提に造るのがミッション。この形がオリンピック・パラリンピックの招致を勝ちとるのに有効だったということについては、IOCの方からもお話をいただいていますので、この方向でしっかり進める」と述べた。質問に答えているとは言えない答弁だが、おそらく計画を実現することで責任を全うするという趣旨だと思う。この返答に対し、質問した記者は、「その程度で責任が果たせると考えている訳ですね」と言った。私の見る限り、河野理事長は表情を変えなかった。

槇文彦さんの提案に対する対応も問われたが、河野理事長は「われわれのミッションはあのデザインを前提として工事を進めること」と繰り返した。頑なな様子は変わらなかった。

会見で、聞きたいことはいくらでもあった。先述の通り、建設費や維持管理費についての質問もあった。責任を問う質問への回答など、煮え切らない内容もあり、時間はいくらあっても足りないと思った。

このように大きな問題を扱う記者会見では、会見が数時間に及ぶのは、別に珍しいことではない。私が経験した中で最もロングランは、東京電力福島第一原発事故の直後から東電本社で開かれた記者会見だった。毎日開かれたが、3～4時間に及ぶことも珍しくなかった。

だが、質疑応答が始まってちょうど30分ほどで、司会役の広報担当者は会見を打ち切ってしまった。

私も含めて、まだ、多くの記者が質問の機会を求めて挙手していたが、河野理事長と、鬼澤佳弘理事、山崎雅男新国立競技場設置本部長の3人は席を立った。その瞬間、何人もの記者が一団になって追いかけたが、JSCの職員に守られるようにして、3人は裏口の扉を出て行ってしまった。広報担当者は「借りている会場の残り時間が迫っているから」「3人は文科省など関係部署に報告に行かなければいけない」などと説明した。

もちろん納得できなかった。建設費が2520億円に達することが2週間前の6月24日に明らかになって以降、その内訳や増加の理由、といった計画の詳細について、文科省などは「有識者会議で明らかにする」と言い続けてきた。

しかし肝心の有識者会議での議論は低調で、まだほとんど何も、「明らかにして」もらっていなかった。河野理事長は会見冒頭のスピーチでも「新国立競技場の整備について、様々な指摘や課題があることは厳粛に受け止めており、建設に向けて可能な限りの説明を国民の皆さまに行っていきたい」と述べていたが、それとも逆行する。

収まりのつかない記者団が、広報担当者を取り囲んで、押し問答になった。私も思わず大きな声を出していた。後で、別の記者から、「かなり怒ってましたね」と言われた。説明不足に対するフラストレーションもあった。

〝延長戦〟で、新たに重要な情報が判明

広報担当者は最初、「今日は無理だ」「明日以降、あらためて会見する」と言っていたが、こちら側は収まらず、結局、2時間後の午後7時過ぎから、JSCの本部事務所に場所を移してあらためて会見が設定された。そして、本来行われる予定になかったこの会見の〝延長戦〟で、全く新しい重要な情報が判明した。

午後7時過ぎというのは、新聞記者にとっては余裕のある時間ではない。翌日の朝刊のための原稿の締め切りを考えると、残された時間はそう多くはないからだ。それでも新聞やテレビの記者ら集まった人は50人は超えていたと思う。説明者は鬼澤理事一人だった。立ったままの鬼澤理事の周辺を記者が取り囲む、いわゆる〝ぶらさがり〟スタイルで、延長戦は始まった。

質問は「特殊性」をはじめ、建設費の高騰の理由に集中した。それが、終盤にさしかかったころだ。仮設化を決めた1万5000席の可動席の費用はいったいいくらかかるのか、一人の記者が尋ねた。

鬼澤理事の回答は、「仮設にしていくらになるかは試算ができていない」だった。1万5000席分の設置費用が分からないのに、どうして総額が2520億円になると分かるのか。不審に思って質問を重ねる記者に対して、鬼澤理事は「はい、この中には入っていません」と言って、2520億円の中に1万5000席分の費用が含まれていないことを唐突に明かした。

ということは、2520億円には、全観客席8万席のうち、常設の6万5000席分しか入っていないことになる。コスト削減のため、全自動の可動席からの変更を決めた仮設の1万5000席分は、さらに別に設置費用が発生することになる。今まで彼らが「総工費」と呼んでいたものは、「総工費」ではなかったことになる。

「じゃあ総工費は増えるじゃないか」「その説明は、なんで今までしなかったのか。おかしいでしょ」。騒然とした記者側の追及を受け、鬼澤理事は「申し訳ない」と謝罪した。

JSC側は、建設費を不当に低く見せかけるための故意の行為ではなく、仮設席はこの段階でまだ設計途中だったために金額をはじいておらず、建設費に含めることができなかった、あくまで過失である、と弁明した。だが、いかに過失だと主張しても、これだけ建設費が大問題になっている状況で、こうした対応は納得できるものではなかった。しかも記者側が会見の延長戦を要求し、可動席の費用について問いただされなければ、この情報は公表されなかった。少なくとも、彼らは公表する必要性を感じていなかった。

鬼澤理事はさらにその後、この1万5000席分の建設は2019年5月末までに完成するとした工期に含まれていないことも明らかにした。完成がさらに遅れる可能性がある、ということである。

総工費をめぐっては、計画が白紙撤回された後になって、さらに131億円の追加費用が必要だったことも分かった。つまり、本当の「総工費」は2520億円＋131億円＝2651億円に、1万5000席の仮設席の設置費用を加えた金額だったことになる。

この131億円は、天然芝の育成や、電気・ガスのインフラ整備などのための費用で、JSCの計画では、いったん新競技場を建設してラグビーW杯を行った後、五輪までの期間に整備するつもりだったという。JSC側は、「2520億円は、ラグビーW杯までに整備が必要な工事が対象だった」と、やはり意図的な数字隠しを否定したが、当初からこの費用が必要だと把握しながら、一切説明してこなかった。

しかも、この131億円はJSC自らが明らかにしたのではない。その存在が発覚したのは、白紙撤回後、新しい整備計画を策定した際に内閣府に置かれた新計画の担当部署の「整備計画再検討推進室」が公表したためだ。1万5000席の費用と同様、外部から指摘されなければ、明らかにされることはなかったと、私は思う。

平野啓一郎さん、渡辺謙さん、有森裕子さんの声

「新国立競技場の異様なところは、どんな反対があっても、これは絶対に作るべき価値のある建物なんだと情熱をもって語る人が、責任者に誰もいないこと。みんな、もうプレゼンしちゃったからとか、時間がないからとか、仕方がないという理由ばかり。そんなものを遺される次世代の絶望を想像できないのか」

芥川賞作家の平野啓一郎さんがツイッターでつぶやいたのは、有識者会議の翌日の7月8日だった。リツイートはあっという間に1万に達した。

私はこの1カ月後に、平野さんにインタビューしている。ザハ・ハディドさんの作品が好きで最初は喜んでいたという平野さんは、「次世代の絶望」と言ったことについて、「僕はいわゆる団塊ジュニア世代の最後の方で、バブルの後始末をさせられてきたという意識がある。自分はそれが嫌だと思って生きてきたのに、自分の世代でこんなものを造り、未来に莫大な維持費がかかり、若い人たちに苦労を押しつけることになる。それは間違っていると思った」と言った。

平野さんが芥川賞に輝いたのは、京大在学中の1999年だった。ちょうど同じころ、私も同じ関西で大学生活を送っていた。同世代の人間として、平野さんの言葉はとても分かりやすく胸に響いた。

平野さんがツイートしたように、「お金がかかってもこれでいいんだ」と考えている人は、私が取材する限り誰もいなかった。計画の関係者から出てくるのは「国際公約だから仕方ない」「見直していたら工期が間に合わないから仕方ない」といった後ろ向きな理由ばかり。自民党のベテラン議員は正直にも、「こんなスタジアム、良いと思っている人は一人もいない。ここまで来たら仕方ないからやっているだけだ」と明言した。

平野さんがツイートしたのと同じ日、俳優の渡辺謙さんも、こんなふうにツイッターでつぶやいた。

「不思議なニュース、一杯国に借金があって建て直さなくちゃいけないのに、ずーっとお金がかかり続ける体育館を建てて世界に驚いて貰おうとする。建てちゃったから使わないと勿体ないと発電所を動かそうとする。事故が起きて人が住めなくなったことは、もう忘れたんだ。あちこちで火山は噴火してるのに」

それまであまり賛否の声が上がらなかったスポーツ界からも、批判的な声が出始めた。有識者会議の前日の7月6日夜、「神宮外苑と国立競技場を未来へ手わたす会」が都内で開いたシンポジウムで、女子マラソンのメダリストである有森裕子さんは、「オリンピックが、皆さんの負の要素のきっかけに思われるようなことは本望ではない」と、涙ながらに訴えた。

新聞、テレビ各社も一斉に批判

新聞各社も普段の論調にかかわらず、新国立競技場の問題については一斉に批判を展開した。在京各紙の社説の見出しを日付順に拾ってみると、

「無謀な国家プロジェクト」（7月8日付毎日新聞）
「これでは祝福できない」（同日付朝日新聞）
「負の遺産は造れない」（7月9日付東京新聞）
「この建設計画は無責任だ」（同日付産経新聞）
「代償伴う愚かで無責任な決定」（同日付読売新聞）
「この新国立競技場を未来へ引き渡せるか」（7月10日付日経新聞）

である。見事に、全紙が反対していることが分かる。

テレビでもニュース番組だけでなく、ワイドショーなどで「無駄遣い」として批判的に報じられた。

この間、当局側はこうした批判の声に、相変わらず取り合わなかった。菅義偉官房長官は7月8日の会見で、デザインについて、「変更すれば、わが国の国際的な信用を失墜しかねない」と述べ、維持すべきとの考えを表明していた。

計画を前へと進める、という政府側の意思表示のように、懸案でありながら「計画の全体像

を示すまで話し合いには応じられない」という舛添要一東京都知事の意向を受けて棚上げになっていた500億円の負担要請をめぐる文科省と都の交渉も、同じ日に始まっていた。新設ポストの五輪担当相として、下村博文文部科学相から業務を引き継いだ遠藤利明大臣が都庁を訪れ、対応した舛添知事は「できるだけ協力する」と前向きに応じた。

続いて、7月9日には、JSCが大成建設とスタンド工区の建築資材の一部を発注する約33億円の契約を結んだ。着工に向けて最初の工事契約だった。計画は着々と進んだ。

「計画をゼロベースで見直すと決断」

「政府が計画の見直しに入った」

そんな情報が飛び込んできたのは7月15日の夕方だった。取材班の先輩記者から届いたメールを見ても、正直言って信じられなかった。有識者会議で計画を承認したのはたった1週間前。政府や文科省、JSCはその後も、「国際公約」「工期」をタテに、見直す気がないことを強調していた。

だが、「見直し」は、事実だった。安倍晋三首相は7月17日夕、官邸で記者団に次のように述べた。

「2020年オリンピック・パラリンピックの会場となる新国立競技場の現在の計画を白紙に

戻し、ゼロベースで計画を見直す、そう決断いたしました。

オリンピックは、国民皆さんの祭典であります。主役は、国民お一人お一人、そして、アスリートの皆さんです。ですから、皆さんに祝福される大会でなければなりません。国民の皆さん、また、アスリートたちの声に耳を傾け、1カ月ほど前から、計画を見直すことができないか、検討を進めてまいりました。

手続きの問題、そしてまた、国際社会との関係、オリンピック・パラリンピック開催までに工事を終えることができるかどうか。また、ラグビーワールドカップの開催までには間に合わなくなる可能性が高いという課題もありました。

そして、本日、オリンピック・パラリンピック開催までに、間違いなく完成することができる、そう確信をいたしましたので、決断をいたしました。オリンピック組織委員会の会長である森会長の了解もいただきました。ラグビーワールドカップには、残念ながら、間に合わせることはできませんし、会場として使うことはできませんが、今後とも、ラグビーのワールドカップに、国としてしっかりと支援していく、その考えに変わりはありません。

オリンピックにおいて、まさに世界の人々に感動を与える場と、新しい競技場をしなければならない、その大前提のもとに、できる限りコストを抑制し、現実的にベストな計画をつくっていく考えであります。そして、大至急、新しい計画をつくらなければなりません。

先ほど、下村文部科学大臣と遠藤担当大臣に、直ちに新しい計画づくりに取りかかるように指示をしたところであります。２０２０年のオリンピック・パラリンピック、国民みんなで祝福できる、そして、世界の人々から称賛される大会にしていきたいと思います」

「ゼロベースで見直す」ということは、開閉式屋根の先送りなどといった小手先の修正ではない。ザハ・ハディドさんのデザインを捨て、ラグビーW杯の会場を別会場に移すことまで踏み込んだ。まさに計画の白紙撤回を意味した。

安保法案で内閣支持率が低下する中で

翌7月18日付の東京新聞朝刊では、官邸が白紙撤回に動いた理由について、「これまでは強気に推し進めてきたが、安保法案の対応で内閣支持率は低下傾向にあり、追い込まれて世論に配慮せざるを得なくなった」と解説した。

当時は安全保障関連法案の審議の真っただ中で、法案への世論の拒否感は強かった。毎日新聞の報道によると、7月上旬に同紙が実施した世論調査では、安倍内閣の支持率は42%、不支持率が43%となり、第2次安倍内閣で初めて不支持率が支持率を上回って逆転した。

同様に朝日新聞の報道によると、同月中旬の同紙の世論調査でも、支持率39%に対し、不支持率は42%に達していた。さらに、新国立競技場の計画については、計画通りに建設することに反対が71％で、賛成の18％を大きく上回ったという。報道各社が一致して批判した、新国立競技場問題への世論の反発が、内閣支持率の低下に影響していることは明らかだった。

「見直し」の一報が入った15日は、自民党など与党が安保法案を衆院の特別委員会で強行採決した、まさにその日であり、翌16日には衆院本会議を通過させていた。本命の安保法案が参院に審議の場を移すのを前に、これ以上の支持率低下を避けるため、「白紙撤回の政治決断」を演出した、というのが報道各社のもっぱらの見方だった。「安保法案に加えて、これ以上、問題を抱えれば、政権運営に支障が出る」といった危機感が政府内にはあったようだ。

「1カ月前から検討していた」は事実なのか

一方で、安倍首相は、「見直しは1カ月前から検討していた」と述べており、政府側はこうした〝演出説〟を否定した。

先に触れたように、下村大臣は新国立競技場整備計画の見直しの経緯について、後に国会答弁などで明らかにしている。それらによると、下村大臣は、いったんは槇文彦さんらの提案に従うことを決め、6月下旬に安倍首相に打診したが、見直した場合に東京五輪に確実に間に合うかどうかまでは確信が持てず、首相からは「さらに研究を進めるように」と指示を受けたと、述べている。

安倍首相が「1カ月前から」というのは、この時の指示のことを指している。同様に下村大臣の発言などによると、この指示を受けて再検討した結果、「ハディドさんのデザインを変えればコストが下がり、五輪には間に合うが、ラグビーW杯には間に合わない」という結論に達し、これを安倍首相に報告したのが7月17日の直前、ということだった。

だが、つい最近まで政府が着々と計画を進めてきたのはこれまで見た通りだ。7月7日には有識者会議が計画を承認し、9日にはJSCがゼネコンと一部の契約を締結。さらに、わずか1週間前の7月10日には、安倍首相本人が衆院の特別委員会で、「国際コンペをやって新しいデザインを決め、基本設計を作っていくのでは時間が間に合わない」と述べていた。こうした〝状況証拠〟からすれば、少なくとも白紙撤回の方針がはっきりと定まったのは、この1週間程度の間とみられた。

もう一つ、驚いたのは、事業主体のJSCや文科省ですら、この白紙撤回の動きを事前に知らなかったことだ。安倍首相の緊急会見があった同じ日の午前、新国立競技場整備計画の経緯を検証する民主党のヒアリングが国会内であり、出席したJSC、文科省の幹部は、「白紙撤回について何も聞いていない」と口をそろえた。既に事前に情報をつかんだ各社は、夕方の首相の会見を待つまでもなく、白紙撤回について盛んに報じていたのに、である。

終了後に、JSCの鬼澤佳弘理事を追いかけて話を聞くと、「デザインを変えるとなると、設計を一からやり直す。ラグビーW杯どころか、東京五輪にすら間に合わないと今でも思っている。どんな解があるのか、今時点でちょっと想像がつかない」と、悄然とした様子で話した。「1カ月前からの再検討」が事実なのか、どれほど真剣に見直しを検討したのか、この経緯はさらに検証される必要がある。

世論が政治を動かしたのは確か

白紙撤回の評価にはさまざまな意見があった。あるゼネコンの幹部は、これまでに何度も見直しの機会がありながら政府が無視してきたこと、今回は政権の支持率回復のために見直しが決まったとみられることを指摘し「建築が政治の踏み台にされた」と憤った。設計、建築の現場にさまざまな無理難題を強いた揚げ句、自己都合であっさり撤回するという政治家の姿勢への、怒りの言葉だった。

変更前の原案に最もこだわってきた一人である森喜朗元首相は、安倍首相が見直しを公表する前の17日午前、BS番組の収録で、「見直した方がよい。もともとあのスタイルは嫌いだった」と述べ、同じ日の夕方には「国がたった2500億円も出せなかったのかねという不満はある」と恨み節を漏らした。

7月22日には、日本記者クラブでの会見で、こんなふうに自分の置かれた境遇をたとえた。

「ラグビーW杯が先に決まっていて、当初は日産スタジアムでやるつもりだった。五輪が決まり、ラグビーも国立開催を誘われた。クラウンぐらいの車に乗っていたら『センチュリーに乗りなさい』と誘われ、乗り換えたらパンクした」

「白紙撤回は大変迷惑」「(責任は) 日本の役所の機構上の問題だ。全体で負わなきゃならん」とも言った。いずれも、自身の責任が問われているという認識はないかのような発言だった。

デザインを考案したザハ・ハディドさんは怒った。「工費高騰はデザインではなく、競争がない建設会社の選定などが原因」とする声明を発表して、不満を露にした。

社会には、「政府の英断」と賞賛する声もあれば、これは政府の演出だからいたずらに褒めるのはよくない、という批判的な意見もあった。ただ、仮に演出だったとしても、首相の決断を促したのは世論調査の結果であり、その意味で世論が政治を動かしたのは、間違いないだろうと思えた。その立役者の一人に違いない槇文彦さんは、「白紙に戻すという決断は評価したい。でも、どこまで踏み込んで変更するのか、その中身が問題です」と、今後に注文をつけた。

〝国際公約〟と思っていたのは日本だけ

そして、政府が見直しできない理由として最も強調してきた〝国際公約〟破りについて、7月29日、クアラルンプールで開かれたIOC理事会で、東京オリンピック・パラリンピック競技大会組織委員会会長の森喜朗元首相が謝罪した。それに対してトーマス・バッハ会長は「おわびすることは全くない。変更は当然あること」などと理解を示したのである。

ＩＯＣの「アジェンダ21」や、「アジェンダ２０２０」を踏まえれば、計画変更にＩＯＣが理解を示すことは十分に予想できた。では、ＪＳＣや文科省や政府が、あれほどこだわってきた国際公約とはいったい何だったのか。これまでの計画の経緯を振り返ってみた時、この〝国際公約論〟が見直しの可能性をことごとく摘み取ってきた一因だったことを考えれば、ＩＯＣ会長のこの発言を聞いてむなしいと言うほかなかった。

ザハ・ハディドさんのデザインは、建設費を削る必要からサイズを縮小した際に、当初の案から大きく姿を変えている。招致段階とは全く違うデザインに変更され、計画は進められてきた。先にも触れたが建築家の磯崎新さんも、この修正デザインを、「当初のダイナミズムがうせ、列島の水没を待つ亀のような鈍重な姿に失望した」と酷評している。しかし、ＪＳＣ側は、これは国際公約違反にはならないと、私の取材に回答していた。理由はザハ・ハディドさんのデザインであることに変わりはない、ということだった。だが、どう見ても、外見が異なるのである。

「コンパクト五輪からの転換や、汚染水の「アンダーコントロール」発言を見ても、招致段階と、現状に違いがある点は、いくつかあった。それでも、新国立競技場の整備計画だけが、別物として扱われてきた。私はこれより以前、「計画を変更した場合について、ＩＯＣに見解を尋ねたことがあるのか」とＪＳＣに聞いていた。その答えは「尋ねたことはない」だった。結局、〝国際公約論〟とは、日本が過剰に意識していただけではないのか。

安藤忠雄さんがついに記者会見

時期が少し前後するが、白紙撤回発表の前日に当たる7月16日午前、東京都千代田区のホテルで、建築家の安藤忠雄さんが記者会見を開いた。その直前の有識者会議を欠席したことで、世論の批判も起きていたが、やはりもっと早く、説明の機会を設けてほしかった、と思った。

安藤さんは、槇文彦さんが問題提起を始めて以降、この記者会見を開くまでの2年弱の間、新国立競技場については一切、個別の取材に応じなかった。私は3度取材を申し込んだが、電話を取った事務所のスタッフが、「取材対応はＪＳＣが一括して当たることになっている」などと、取材を受けない理由を話すだけだった。

らちが明かないので、安藤さんが出席する会合が終わるのを待ちかまえて追いかけたこともある。だが、当人は「何も言わない」とだけ言って、スルリと小走りに迎えの車に乗り込むのが常だった。

この日の会見でも明らかにしたが、安藤さんは前年の２０１４年、膵臓にがんが見つかり、膵臓と脾臓を全摘出している。体調が良くなかったということはあるかもしれない。ただ2年間にわたって一度もその機会を設けなかったのは、残念に思う。日々の新聞や雑誌を見ていると、別件のテーマではインタビューを受けているからだ。

この日、30分だけ開かれた会見には、約200人の報道陣が詰めかけた。多くの報道陣が聞きたかったのは、どうしてこれだけ建設費が膨らんだのか、事前に予測がつかなかったのか、といった点だったと思う。

会見に先立って配布された資料では、「消費税増税と物価上昇にともなう工事費の上昇分は理解できますが、それ以外の大幅なコストアップにつながった項目の詳細について、また、基本設計以降の実施設計における設計プロセスについては承知しておりません」と書いてあった。

会見では、「誤解が生じているが、私が頼まれたのはデザイン案の選定まで。全て安藤さんの責任というのはちょっと分からない。選んだ責任はあるが、2520億円になって（その理由を）私も聞きたい」「実際にはアイデアのコンペ。徹底的なコストの議論にはなっていない」「世間からは2520億円は安藤さんが決めたと言われる。私は総理大臣じゃない」「できたら、ザハさんのアイデアを残してほしい。国際協約として、この人を外すわけにはいかない」などと述べた。

「こんな大きなものは造ったことがないので」

こうした発言には、納得できるものとできないものがあった。もちろん、全ての責任を安藤さんに押しつけることはできないし、ザハ・ハディドさんを選んだ、コンペの正当性を担保するべきだ、という主張も理解はできる。ただし、安藤さんは有識者会議のメンバーであり、この有識者会議はＪＳＣの諮問機関でありながら、事実上の意思決定機関である。安藤さんはデザインを選ぶ前も、選んだ後も、計画の内容を承認する立場にあった。「頼まれたのはデザインの選定まで」という発言は語弊がある。

会見の中で、私が最も印象に残ったのは、「私も１３００億円はどうかなと思っていたが、こんな大きなものは造ったことがないので」という発言である。

安藤さんは、工業高校卒の元プロボクサーという異色の経歴ながら、独学で優れた建築を次々に生み出し、東大教授も務めた。建築作品のみならず、逆境を糧にするような、その生き方も社会の関心を呼んだ異能の人だ。

代表作と言えば、１９７０年代に脚光を浴びるきっかけとなった大阪の住宅「住吉の長屋」や「兵庫県立美術館」、大阪の「光の教会」、東京の商業施設「表参道ヒルズ」などがある。打ちっ放しのコンクリートを用いた特徴的なデザインには、見覚えがある人も多いはずだ。

だが、いかに国内外の建築賞を受賞する一流の建築家であっても、スタジアムの建設経験が乏しい人に今回の新国立の整備計画で、さまざまな重責を担わせたことが適切だったかは、疑問が残る。やはり、その筋の経験が豊富な人を充てるべきだったのではないか。これは安藤さん個人の問題ではなく、選んだ側の問題だろうが、少なくとも、この土壇場のタイミングで「こんな大きなものは造ったことがない」などという言葉は聞きたくなかった。

ＪＳＣはこの1週間後の7月23日、有識者会議を解散した。

第5章

問題はまだ終わっていない

新計画策定と失敗検証の同時進行

7月21日、政府は新国立競技場の整備計画を練り直すため、遠藤利明五輪担当相を議長とする関係閣僚会議を発足させ、初会合を開いた。副議長には菅義偉官房長官と下村博文文部科学相が就任。さらに、事務局として新設した「整備計画再検討推進室」(室長・杉田和博官房副長官)には、公共事業の経験が豊富な国土交通省の職員らが入るなど、関係省庁が横断的にスタッフとして加わることになった。こうして新計画では、文科省と日本スポーツ振興センター(JSC)が主導した旧計画から、体制のてこ入れが図られた。

新しい計画を作るに当たって、最重要課題はやはり建設費を下げることだった。しかも計画をいったん白紙撤回したことで、残された時間はさらに短くなり、これまで以上に工期は厳しくなった。

これをクリアするために政府側が採用したのが、デザイン、設計、施工を全て一体で公募する方式である。これまでの計画では、ザハ・ハディドさんのデザインを選び、それに基づいて設計、施工業者と順に契約する方式だったが、全て一括で発注することで、期間の短縮を試みることにした。

関係閣僚会議の描いたタイムスケジュールは、8月中に建設費の上限や新競技場のスペックなどをまとめた新しい整備計画を策定。9月には事業者の公募を始め、選考を経て、12月中には事業者を決定し、年明け以降に設計に入る、というものだった。東京五輪に間に合うよう2020年春までに完成させるにはこれがギリギリ、と判断した訳だが、それでも時間の制約はかなり厳しかった。差し当たり、新しい整備計画を策定するにも、タイムリミットは1カ月余りしかなかった。

一方で、下村大臣は、白紙撤回の直後から、旧計画がなぜ失敗したのか、その経緯を検証する方針を明らかにしていた。文科省はそのための第三者委員会（新国立競技場整備計画経緯検証委員会）を8月4日に設置した。通常であれば、失敗を総括し、同じ轍《てつ》を踏まないように、その反省を新しい計画に反映させるところだが、今回は時間がないことを理由に、同時進行で作業することになった。なぜ、失敗したのか、それが明らかにならないままの再出発には、見切り発車の感は否めなかった。

「失敗の原因は巨大すぎたこと」という槇さんたちの指摘

こうした状況で、槇文彦さんのグループは7月30日、記者会見を開き、「新国立競技場の今後の進め方に関する見解」を公表した。タイムリミットが迫る中、短時間で重要な決定を適切に行うため、政府に考慮してほしいポイントをまとめたものだった。その提言からは、旧計画の失敗の理由を読みとることができる。

「見解」全体の趣旨は、旧計画の失敗の最大の要因を巨大すぎるサイズにあったと見て、新競技場はできるだけコンパクトにしてほしい、と訴えた点にある。

旧計画では、スポーツ界や興行界から上がった128項目もの要望をほぼ丸のみしたことで規模が膨らみ、一度は縮小したものの、延べ床面積は約22万平方メートルに達した。

グループの大野秀敏東大名誉教授は、「旧案は一つの競技場で球技場、陸上競技場、興行場（コンサート会場）の3つを兼ねようとした。各関係者がそれぞれ『やりたい』『造りたい』とおっしゃりたいことは分かるが、おかげで、興行場にしたいからと天井を屋根で覆って、スポーツに必要な芝生が育つかどうか、という転倒した状態になった。それがいろんなところで頻出していた。中心施設が何であるか、それを整理するべきだ」「日本ではすぐに固定的に物事を考えて、造れる時に最大のもの、最上のものを造りたいという話になる。だが、サッカーワールドカップ（W杯）だっていつ誘致できるのか分からない。誘致できてからでも対応できる」などと話した。

コンセプトを絞ることで、必要なスペックが整理され、適切な規模までサイズダウンできるはずだ、という指摘である。

グループによると、一般的なオフィスビルでは、築後50年で建設費と同程度の修繕費が必要になると言われる。スタジアムでも、規模が大きければ大きいほど、建設費はかさみ、その後の維持管理費も増大する可能性は高い。

さらに「見解」では、明治神宮外苑地区の建設予定地は敷地が狭く、巨大な競技場を造ると、災害時に周辺の空きスペースが減って避難経路が確保しにくくなるなど、防災上の課題が生じることや、都心の貴重な緑地帯である外苑の歴史的景観を損なわないようにするべきだ、といった主張を展開した。

その上で、五輪時には収容人数を8万人規模にするとしても、閉幕後は5万〜6万人に縮小するべきだと訴えた。槇さんは「五輪の期間も大事だが、その後、10年、100年あるかもしれない施設。小さいものが、ポスト五輪ではよい」と述べた。

JSC、文科省、ゼネコン関係者も同じ結論

このころ、取材班でも、旧計画の失敗の経緯について取材を進めていた。私が会見で槇さんのグループの指摘を聞いて、「鋭い」と思ったのは、失敗の原因について同じような分析を、JSCや文科省、ゼネコンの関係者もしていたからである。

JSCの幹部は、「コストを落とすには、面積を小さく、建物を小さくすること。大きさによって値段が違ってくるのは当たり前だから」と指摘し、旧計画のスタジアムの規模ならば、

建設費は高騰するのもやむを得なかった、と振り返った。「旧計画ではスペックと目標額（1625億円）が合ってなかった。元々スタジアムで儲かるなんてことはない。それを収支のバランスを取ろうとして、開閉式屋根を付けたりいろんなスペックを盛り込んだところが、きつかったんだと思います」

文科省幹部は「『多目的は無目的』という言葉があるが、今考えればそうだったのかなとも思う。ただ、新しい国立競技場を造るのに、いろいろな競技団体に目配りしない訳にはいかなかった」と話した。

ゼネコン関係者は、「元々の与条件（スペック）にとんでもない問題があった。たとえば、開閉式屋根を取り付けながら、芝生の養生をしっかりやるとか。矛盾の極みだ」と言った。

それぞれ立場の異なる人たちが同じ結論に至ったことは、事実として重いのではないか、と感じた。

旧計画を少し詳しく見てみると、こうした関係者たちの証言の意味がよく分かる。2520億円の建設費のうち、屋根工区は950億円であるのに対し、スタンド工区は全体の6割以上の1570億円に達していた。巨大なキールアーチやザハ・ハディドさんの流線形の外観のデザインなどは全て屋根に含まれるが、それ以上にスタンド工区の方にお金がかかるのである。その理由は、やはり規模の大きさに求めるのが適当だろう。

白紙撤回騒動の前後、2520億円の建設費を批判する声が沸き起こり、それに連動してザハ・ハディドさんに対するバッシングも起きた。だが、これは誤解を含んでいると思う。

そのデザインを生かすために特注品の資材が必要になり建設費を押し上げた、というJSCの説明は事実だろうが、一番の要因は、デザインではなく、巨大すぎる規模にある。ハディドさんを切れば、それだけで建設費が下がると考えていれば、それは間違っている。それに規模が大きくなった要因は、JSCや有識者会議などが、立案段階でスペックを盛り込みすぎたことにある。新整備計画では、スペックと規模に切り込まなければ、建設費は下がらないはずだ、と思った。

それでも1550億円かかる新整備計画

8月14日、関係閣僚会議は新整備計画の「基本的な考え方」を決定し、新競技場を原則として、スポーツ競技の使用に限定することを明らかにした。旧計画の目玉の一つだった開閉式屋根は、設置しないことになった。コンサート会場と兼用だった旧計画から、競技場のコンセプトを明確にしたわけだ。これを踏まえて、28日にはついに、新整備計画が策定された。

注目された建設費は、1550億円を上限とすることになった。2520億円と比べると約1000億円の削減となり、安倍晋三首相は会議の中で、「大幅なコスト抑制を達成した」と胸を張った。

確かに旧計画と比べれば、金額は下がっている。だが、近年の五輪のメーンスタジアムと比べても飛び抜けて高額であることに、変わりはなかった。どうして1550億円になったのか。それは、規模を思うように下げられなかったからだ。新整備計画で示された新競技場の延べ床面積は、19万4500平方メートル。旧計画から13％のサイズダウンにとどまった。ロンドン五輪のメーンスタジアム（延べ床面積約10万9000平方メートル）の2倍近い規模である。

同会議の事務局である「整備計画再検討推進室」によると、政府側も、サイズダウンが建設費を下げるポイントになると理解していた。このため、まず五輪のメーンスタジアムとして最低限必要だと考えられるスペックを精査する作業から始め、できるだけ不必要なものを削いでいった。

その結果、収容人員は旧計画の8万人から6万8000人にまで削減した。近年の五輪会場では8万人規模が一般的で、6万8000人は決して多くはない。「五輪の陸上競技を行う会場は最低6万人規模の競技場」という国際オリンピック委員会（IOC）の規定に沿った上で、取材メディア用の座席として8000席分を加えた。

さらに将来、サッカーW杯を誘致することになった場合には、陸上のトラック部分に座席を設置して、全体で8万席を確保できるようにした。もし、そうなれば、以後は陸上競技場として使えなくなる可能性が高まり、これも一つの踏み込んだ決断だった。陸上界にとってはつらいが、種々の機能を盛り込みすぎた反省を踏まえた措置と言えた。

さらに、旧計画の柱だった開閉式屋根や可動席の設置も見送り、スポーツ博物館や図書館など「スポーツ振興機能」（約1万4000平方メートル）、「立体通路」（約4500平方メートル）は全面的にカットした。

都心の真ん中に巨大スタジアムを造ることの矛盾

だが、これ以上は下がりきらなかった。再検討推進室の幹部は「19万4500平方メートルは、スペック見直しでギリギリまで詰めて、最低限これくらいは必要だと出してきた数字だ」と述べ、こう訴えた。

「たとえば、ロンドンは東京と比べても敷地が広いが、東京は敷地が狭くスタンドの下に諸施設を押し込まないといけないので、延べ床面積が必要になる。必要な機能はどちらも同じだが、結果的にどこまでスタジアム本体に押し込まなければいけないかで、これだけ違いが出ている」

新国立競技場の敷地は約11万3000平方メートルで、ロンドン五輪の主会場の7割程度しかない。ロンドンでは広い敷地を生かし、駐車場やレストラン、チケットブースなど多くの関

旧国立競技場の敷地と都営霞ケ丘アパート（中央右付近）（毎日新聞社提供）

係諸室は、競技場本体とは別に設置されたという。これに対し、都心の真ん中の明治神宮外苑に建設する新競技場は、周辺に敷地の余裕はない。地下を掘るなどして競技場本体に必要な機能を詰め込まざるを得なかった、というのだ。

この建設敷地には、旧国立競技場の敷地に加え、約200世帯が暮らす都営霞ケ丘アパートを取り壊した場合の敷地も含まれている。陸上のサブトラックも設けず、その分も競技場本体の敷地に組み込んだのに、それでもまだ足りないことになる。

考えてみると、敷地の問題は槇さんに当初から指摘され、伊東豊雄さんも、改修試案を公表した際に、コンペに参加した実体験から、問題点として述べていた。ここまで来て、新国立競技場の計画は、明治神宮外苑地区に巨大スタジアムを造ることの矛盾を突きつけられた格好になった。

さらに、もう一つの問題は、1550億円はさらに膨らむ可能性があるということだった。1550億円は、2017年4月から10%に引き上げられることが決まっている消費税を8%で計算していた上、依然として続く建築物価の上昇を考えれば、将来的に金額が上昇する可能性は十分に考えられた。

特に、この日明らかにされたことだが、「五輪のリハーサルなどのために2020年1月までに完成させてほしい」というIOCの求めに応じ、完成目標が2020年4月から3カ月も前倒しされることになった。ただでさえ物価が上昇しており、ただでさえリミットが限られ突貫工事を迫られている状況で、さらに工期が短縮されれば、労働者や資材を集中的に投入する必要が生じ、建設費の高騰につながる可能性は否定できない。

建設費の上昇について、当局側は、「増税と物価上昇分は加味することになる」と認めた。それ以外の事情で上昇の懸念がある場合は、「政府側が求めているスペックの方をダウンする」とし、1550億円から大幅に増加する可能性は否定した。

ウルトラCの選択肢、「ゼロ・オプション」

こうした工期や建設費をめぐる懸念を、一気に解決できるウルトラCがあった。それが、建設しない、という方法である。実際に自民党の行政改革推進本部などは、8月7日、既存の競技場で代替する選択肢「ゼロ・オプション」として、政府に提言している。

提言や、河野太郎本部長の説明によると、陸上競技は駒沢陸上競技場（東京都世田谷区）を五輪基準を満たすように改修するか、既に満たしている日産スタジアム（横浜市）で実施。サッカーは日産スタジアム、味の素スタジアム（東京都調布市）、埼玉スタジアム２００２（さいたま市）など既存施設を活用するとした。

五輪の目玉でもある開閉会式は、五輪基準では6万人収容のスタジアムでの開催が条件となっているが、提言では「スタジアムという閉鎖的な空間から飛び出す新たな開会式」を可能とするよう、ＩＯＣとの協議を求めた。

これを荒唐無稽の提言ととるかどうか。結果的に政府はこの提言を採用しなかったし、東京新聞政治部の我那覇圭記者によると、政府内で真剣に検討された形跡もない、という。

だが、建築関係者らからは、この提案と同趣旨の意見が上がっていた。

自民党の行革本部が案をまとめるより1週間ほど前、建築批評家の五十嵐太郎東北大教授に取材した。五十嵐さんはその際、自身の考えとして、「今無理に建てるのはやめた方がよい」と話していた。

東北の震災復興が進む中、建設現場はどこも、人と資材の取り合いになっており、こうした状況は少なくとも２０２０年までは続くと指摘し、「今時間のない中で急ごしらえで新国立を造ると、かなりの確率でつまらないものになると思う。お金はかけちゃだめ、工期も急げ、デザインも過剰なものはだめとなると、すごく無難なものになる。しかも、建設物価の高騰は2020年まで続くだろうから、普段ならすごく安く造れるものを高いお金で買わないといけなくなる」と言った。

イメージとしては、普段なら500億円で造れるものが、800億円とか1000億円くらいかけないと造れない、という感じだろうか。無理して頑張って造ったけれど、平常時より割高で、お金をかけた割に建築物としても面白みがなくなる可能性が高い、ということである。

こう考えれば、ゼロ・オプションには十分、合理的な理由があるし、少なくとも私はそう感じた。

開閉会式をスタジアム以外の場所で行うという点については、1年近く前の2014年秋に、建築家の磯崎新さんが提言している。磯崎さんは、派手なメーンスタジアムで国の威厳を示そうとするような五輪のあり方を、古い時代の「国威発揚型」と批判。日本ならではの場所である皇居前の広場に、仮設の桟敷席を設ける方法を提案していた。

自民党にも、この磯崎さんの提案が念頭にあったのではないかと思う。五十嵐さんは、「過去に例のない挑戦ということで、実現すればそれこそ歴史に残る五輪になる」と磯崎案を推していた。

五輪後については、五十嵐さんは、あらためてザハ・ハディドさんに依頼して、じっくりと国立競技場を造ればいいと話していた。

一方、同じようにゼロ・オプションを推した作家の森まゆみさんは、明治神宮外苑の歴史的な美観を考慮して、新競技場を造るのは完全に断念して、内苑(明治神宮)のように森として整備するべきだと訴えた。

うまく行くかどうかは事業者任せ

9月1日、新しい整備計画に基づき、デザインを含めた設計、施工一体方式で事業者の公募が始まった。

施工業者が提出する技術提案書を審査するのが、新たに設けられた「技術提案等審査委員会」である。村上周三東京大学名誉教授を委員長に、建築家や景観の専門家7人で構成する。旧計画から引き続き、新国立競技場整備の事業主体をJSCが担うことになるが、事実上の審査の主体は、この審査委員会が担うことになった。

少しややこしいので整理すると、新国立競技場計画に関わる関係機関の頂点に位置し、全体を管理監督するのが、遠藤利明五輪担当相が議長を務める関係閣僚会議であり、その事務局として整備計画再検討推進室がある。そこで示された整備計画に基づき、実際に計画を進める実動部隊がＪＳＣや審査委員会ということになる。

審査委員会は既に8月中旬に初会合を開いており、整備計画に基づいて、この日までに公募の募集要項を作成した。その要項によると、実際の審査では、事業者の提案を項目ごとに点数化し、１４０点満点で審査する。

配点は「事業費の縮減」と「工期短縮」に各30点、さらに、「維持管理費抑制」で10点と、コスト・工期で全体の半分の70点を占めた。このほか、業務の実施方針が20点、デザインの善し悪しを含む施設計画は50点だった。作品の優劣を数字で判断するのは、「審査過程が不透明」と批判を受けた旧計画の反省を踏まえたのだろう。そして、この配点を見ると、旧計画で最も重視されたデザインよりも、コストや工期を優先する方針が明確に示されていることが分かる。

幻に終わったゼロ・オプションの提言を念頭に、私は会見で、工期を守りながらどうやって質を担保するのか聞いた。村上委員長は、「この点数のバランスが全てを物語っている。建築のことだけを考えて十分な余裕とコストがあれば、もっと違った配点になる。今回、コストと工期が全体の半分を占めている。この辺が、今回の公募に与えられた前提条件のような制約になると思っている」「『安かろう悪かろう』ではなく、『安かろう、早かろう、良かろう』を期待している。それを審査の中で実現していきたい」と述べた。

こうした回答からうかがえるのは、この計画がうまく行くかどうかは事業者任せにならざるを得ない、という現状だ。安いコストで短期間に造る、という矛盾する条件を、審査委員会は公募条件として事業者に課しているが、どうすればそんなスタジアムが造れるのか、その解答について政府側に妙案がある訳ではない。村上委員長が「期待している」と言った「安かろう、早かろう、良かろう」のアイデアを考えるのは、公募に参加する事業者である。

たとえば、将来の維持管理費に直結する五輪後の利活用についても、政府は民間委託の方針を打ち出しているが、その内容については「民間のビジネスプランを生かしたい」と述べているだけだ。

結局、公募でどんな提案が出るか。そこに計画の成否が委ねられている。白紙撤回されたといっても、新国立競技場の完成には高いハードルが待ちかまえていることに変わりはなかった。

これではコンペにならない――新たな問題の判明

そして、公募を開始した直後に、ある問題が判明した。設計、施工の一体方式になったため、自前で設計できるゼネコンは単独でも応募できるが、個人の建築家や設計事務所はゼネコンとチームを組む必要があった。この条件が大きな壁になり、応募者数が極めて限られてしまうことになったのだ。

「建築家からものすごい不満の声が上がっている。これはもしかしたら問題になるかもしれないよ」

新国立競技場問題で知り合った建築家から電話で告げられたのは、公募が始まって1週間がたったころだった。多くの建築家が公募に参加しようとゼネコンに申し出ているのに、ことごとく断られているという。公募の参加者が、少なくなればなるほど、選ぶ側も選択の幅が狭まる。事業者の提案頼みの状況では、問題はさらに深刻になりかねない。

建築家サイドに取材すると、すぐに様子が分かってきた。

2014年に建築界のノーベル賞と言われるプリツカー賞を受けた坂《ばん》茂さんは、強度を高めた紙管を用いた〝紙の建築〟で国内外の被災地支援に当たり、国際的な評価の高い建築家だが、参加を断念していた。「組む相手が見つからない。僕だけじゃなくて、ほかにも困っている建築家は多いと思う。コンペは競争です。数が出ないと競争にならない。このままでは行われるべき公平でオープンなコンペが行われない」と憤っていた。

坂さん同様、前回参加した神戸大学大学院教授の遠藤秀平さんも、「ゼネコンにラブレターを書いているが、『難しいですね』と言われている。既に案はできているのに、今のままでは99％無理でしょうね」と話した。

建築関係者らによると、工事の難易度などから、事実上、公募に参加できるゼネコンは、大林組、鹿島、清水建設、大成建設、竹中工務店の大手5社と準大手の数社程度に限られるとみられた。つまり、建築家が公募に参加しようと思えば、この「5社プラスアルファ」の中から自分と組む相手を探すことになる。

だが、当のゼネコン側には模様眺めの空気が漂っていた。大手ゼネコンのある幹部は、東京新聞経済部の山口哲人記者の取材に、「震災の復興需要などがあり、金額の上限の1550億円を守るのは厳しい。うちも建前上、手は上げるだろうが、本気で取りに行くことはないだろう」と吐露した。

ゼネコンの中で積極的な姿勢を示していたのは、唯一、大成建設だった。同社の村田誉之社長は、公募開始直後の9月2日、共同通信の取材に、「絶対にやりたい。負ける訳にはいかない」などと、強い意欲を示した。

大成は竹中とともに、旧計画の実施設計にも携わっており、一定のノウハウの蓄積があるとみられ、業界内でも「大成優位」とみる向きは多かった。このことが余計に、他社を慎重にさせる側面があったようだ。

別の建築関係者は私の取材に、「復興特需や五輪に向けた都市開発で、無理をしなくても儲かる仕事はいくらでもある。わざわざ火中のクリを拾うこともない。それに、これだけ各地で建設工事が起きている状況では、現場の作業員を確保するだけでも、かなり骨が折れる」と言った。

ザハ・ハディドさんでさえ参加できない厳しい条件

最大でも参加可能なゼネコンが「5社プラスアルファ」しかないのに、積極的な社がさらにわずかしかなければ、マッチングの可能性はどんどん小さくなってしまう。旧計画のコンペでは、プリツカー賞など著名な建築賞の受賞実績などが条件となり「厳しすぎる」と批判が出たが、建築家からは、「今回の方が、前回より条件が厳しくなった」との声も出ていた。

日本建築家協会（ＪＩＡ）の芦原太郎会長は、「（坂さんらのように）困ったという声は協会内でも何件か上がっている」と認めた上で、こう危ぶんだ。

「ゼネコンとうまい組み合わせができたかどうかだけで、審査の前段階でいくつもの可能性がつぶれることになる。前回は46点の公募があったが、今回はふたを開ければ2つや3つだけ、という可能性もある。国民にすれば、一番良いデザイン、コスト、工期で造ってほしい。ところが審査員が選ぶ前に可能性が大きく絞られてしまうのはまずい。本当は１００案くらい出たかもしれないのに、参加条件のために2〜3になってしまうなら、事前に省かれた97〜98の中に素晴らしいものがあっても、その可能性を阻害してしまうことになる」

公募の締め切りは11月16日だが、公募に参加する業者は、9月18日までに、参加の意思表示をする必要があった。つまり、この日までにＪＳＣ側が条件を緩和するなど何らかの措置が取られなければ、公募が低調になる可能性があった。

ＪＩＡはそれに先立つ15日、「施工会社とチームを組めない国内外の設計者、設計事務所の応募が事実上困難になっている」などと問題提起する意見書を、遠藤利明五輪担当相らに提出した。

坂さんらは、改善策として、「談合を防ぐためゼネコン1社につき1チームしか参加できないという公募の規定を改め、1社で何案も応募できるようにすれば、いろんな建築家と組むことができる。海外ではコンペの参加者を増やして競争を促すため、わざわざそうしたルールを課すこともある」と訴えていた。

だが、事業主体のＪＳＣは取材に対し、「ルールとして決定された入札条件で、既に公募も始まっている」（広報室）とルールの変更を否定し、そのまま18日を迎えた。

衝撃的だったのは、ザハ・ハディドさんが参加断念を余儀なくされたことだった。ハディドさんは、「（見直し前の）取り組みと知見を元に、包括的で十分にコストを考慮したデザインを短期間に展開できる。五輪を前に十分な準備を行える余裕を持って、完成できると確信している」とコメントし、新整備計画の公表後、日建設計と組んで公募に参加する方針をわざわざ公表。新聞各社も紙面で取り上げていた。ところが、チームを組むゼネコンが見つからなかったのだ。

ハディドさんは、コスト増の元凶としてバッシングを受ける一方、いったんは国際コンペで選ばれたという正当性や、何よりその作品の魅力から、待望論も根強くあった。何より、世界で最も著名な建築家の一人であり、旧計画に携わったことから、今回の公募に有利な立場にあるとみられた。しかもタッグを組んだのは日本最大手の設計会社であり、やはり旧計画に携わった日建設計である。そのハディドさんたちでさえ、参加できないというのは、それだけ参加条件のハードルが高いことを如実に示していると言えた。

情報公開が不十分な姿勢は前と変わらず

結局、何社が公募参加に手を挙げたのか。JSCは「公正な競争が阻害される」「談合を防ぐ法律で禁じられている」などとして、参加者名はもとより、参加者の数すら明らかにしなかった。下村博文文部科学相も記者会見で、非公表を明言した。

各種の報道などで、大成建設、隈研吾さん、梓設計のチームと、竹中工務店・清水建設・大林組の3社連合、伊東豊雄さん、日本設計のチームの2陣営が応募したとみられている。公募が低調になることへの懸念が現実になりつつあるが、公募参加者について、JSC側が正式に公表するのは、審査に入る直前の12月上旬になる見通しだ。

私は、この対応は間違っていると思う。旧計画では明らかに情報公開が不十分で、そのことが計画の不透明感を増したのは事実だからだ。ＪＩＡ幹部は、この対応について、「これは特別なプロジェクトであり、今までのことであれだけ問題になったんだから、英断をもって踏み込んでほしい。結果が出てから示すのではなく、プロセスごとに適切な情報を公開してほしい。国民の理解を得ながら進めなければ、また後から問題視されることになりかねない」と指摘している。

白紙撤回で、計画や、その推進体制は一新されたことになっているが、本当にその中身が改善されたかどうかは、別の問題である。少なくともこのＪＳＣの対応は、かつてのＪＳＣの対応とそんなに変わっていない、と思えた。

組織乱立による意思決定の歪み――検証報告書公表

「プロジェクトの難度に求められる適切な組織体制を整備できなかった」

公募が始まって1カ月近くたった２０１５年9月24日、白紙撤回された新国立競技場の旧計画の問題点について、文部科学省の第三者委員会は検証報告書をまとめた。

そこで指摘されたのは、責任者不在のまま、なれ合いで進んだ組織体制の問題だ。報告書は極めて厳しい言葉で批判を展開している。

「本プロジェクトの意思決定システムは、見事なまでの集団意思決定システムを取っており、本プロジェクトを安倍首相が白紙撤回した以外は、重要事項については関係者全員の合意形成により決定され、誰も独自の決定や決断をしてこなかった。特に、有識者会議はJSC理事長の諮問機関という位置づけであるにもかかわらず、メンバーが各界の重鎮揃いであったことも影響し、実質は本プロジェクトに関する重要事項の意思決定に関するあたかも承認機関となっていた」

「JSCは当事者としての能力や権限が無いにもかかわらず、大変に難しい工事である本プロジェクトを引き受けてしまい、さらには引き受けた後、適時適切な体制を作らなかった。また、文部科学省は独立行政法人であるJSCへの管理監督が不十分であり、国家的プロジェクトを念頭においた進捗管理体制を文部科学省内に構築していなかった」

「多くの関係者間や関係組織間の役割分担、責任体制が不明確であった。意思決定ラインが不明確であったことが、意思決定の透明性確保を困難にさせ、諮問機関に過ぎない会議体等が実質的な主導権や拒否権を持つことを許した」

特に印象に残ったのは、「すべての重要な決定は、（中略）『やむをえない』という『空気』を醸成することで行われていた」という指摘である。私は、これを読みながら、舛添要一東京都知事が以前、「誰も責任を取らない体制」「（日本を戦争に導いた）大日本帝国陸軍を彷彿とさせる」と批判した言葉を思い出した。

これまで見てきたように、計画には多くの組織が関与している。事業主体のＪＳＣ、諮問機関の有識者会議、その下に３つのワーキンググループ、国際デザインコンペの審査委員会、さらに設計者、ゼネコン、文科省……などである。報告書は、こうした組織の乱立が「意思決定の歪み」を招いた、というのである。

責任も権限も所在不明の集団無責任体制

その中で、報告書が最も強くその存在を批判したのは有識者会議だ。本来、諮問機関にすぎないはずの有識者会議は、その役割を超え、事実上の意思決定機関となってきた。これに対し、主体であるはずのＪＳＣは、ただ追従するばかりだった。

たとえば、ＪＳＣ内には「新国立競技場設置本部長」という役職があり、名目上は新国立計画の責任者となっているが、報告書は「設置本部長は、文部科学省、財務省、有識者会議等の意思決定のヒエラルキーの最も下に位置」と指摘。第三者委委員長の柏木昇東大名誉教授は会見で、「彼には実質的な権限はなく、一生懸命、文科省や有識者会議の説得役になっていた。無駄なエネルギーを費やした」と突き放した。

問題なのは、この有識者会議はあれほど意思決定に関わってきたにもかかわらず、あくまで

「諮問機関」だから、責任を問われることはないという点にある。柏木委員長は「有害無益」と非難したが、意思決定に関わるこうした構造上の矛盾が、いわゆる集団無責任体制の一端だと言えるだろう。

報告書が公表される前の9月4日に開かれた検証委員会の会合後の囲み取材で、元陸上選手の為末大委員は、「多くの関係者にヒアリングする中で感じたのは、どなたかに聞けば全容が分かるということがない。それが象徴しているのかもしれないが、かちっとした担当者がいれば、1回聞いて周辺に広げていけばいいが、それが難しい」と話した。

関係者は山ほどいるのに、権限を持った明確な責任者がいないという指摘である。この言葉は核心を突いていたと思う。

作家の阿川弘之さんの代表作である『山本五十六』(新潮文庫)では、「日本陸軍というのはヤマタノオロチみたいなもので、どこが本当の頭かよく分らず、頭を二つや三つ、つぶしてみてもどうにもならなかった」という一節がある。これまでの取材を振り返ってみても、槇文彦さんや森まゆみさんらから上がる疑問の声に対して、JSCや文科省などは、「今さら変更できない」と省みることはなかった。責任も、権限も、誰にあるのかよく分からないまま、集団で突っ走り、しかも「決まったことだから」と、途中でやめられない。だから「大日本帝国陸軍」なのだ。

どうすれば失敗を防げたのかが分からない

このように問題の所在をずばりと指摘した報告書ではあったが、全体の記述に対する私の印象は「消化不良」だった。たとえば、最も残念に思ったのは、どうすれば計画の失敗を防げたのか、という根本的な解決策が分からないことだ。

報告書は、多くの関係組織が横並びとなったことによる「意思決定の歪み」を最大の問題点として指摘し、権限や責任を持つリーダーの不在を責めている。だが同時に柏木昇委員長は会見で、「日本にそういう（リーダーたる）人材はほとんどおらず、それができるかは別」などと、仕方ないとでも言うような口ぶりで話した。

さらに、報告書は「見直しをすべきだったタイミング」として、2013年9月の五輪招致が決まった直後から年末までの時期を指摘した。これは当時、最大で3000億円を超える試算が明らかになったからで、一連の計画の中で、見直せる機会としては、これが唯一だったと結論づけていた。だが、柏木委員長はやはり会見の中で、「（招致演説で）安倍首相がザハ案を示しながら説明しているから、実際問題は不可能」と〝国際公約論〟を持ち出して、事実上、見直しができた可能性はなかった、との見方を示した。

これでは、具体的にどうすれば軌道修正が図れたのか分からない。

何よりも、約2年にわたり槇文彦さんや森まゆみさんらが鳴らしてきた警鐘がなぜ省みられなかったのかについての言及が、報告書にはない。その警告が問題の核心を突いていたことを考えれば、警告がどう取り扱われたのかは、十分に検証されてしかるべきだ。

しかも、白紙撤回後に取材してみると、ＪＳＣや文科省は、その警告を当時からそれなりに意識していたことが分かってきた。文科省関係者は東京新聞の取材に、「正直言って、槇さんたちが２０１４年秋に２５００億円を超えるという試算を出した時に引き返せばよかった」と率直に言った。またＪＳＣ幹部に「なぜ警告を聞き入れなかったのか」と聞くと、それまで取材に丁寧に答えていてくれたのに、急に不機嫌になり「あなたの取材は本当にしつこいんだよ」と激怒された。痛いところを突かれたからだと思う。

問題を認識しながら「真摯な努力」を重ねたことこそ問題

報告書が、こうした基本的な点で不十分なのは、文科省が調査期間を1カ月半と短期間に区切ったため、具体的な事実の発掘に限界があったからだと思われる。

たとえば、報告書は「意思決定の歪み」を問題視しながら、いつ、どこで、誰が、どう判断したことが問題だったのか、具体的な事実への言及はない。有識者会議の問題を指摘するなら、その設置を決めたのは誰で、その発言を重用する判断を下したのは誰かまで、示してほしいが、そこまでは迫れていない。

こうした詰めの甘さは、責任追及にも影響している。報告書は、日本スポーツ振興センター理事長、文部科学相、文科事務次官の三者の責任を指摘したが、その理由は当該組織のトップだから、というあいまいなもので、歯切れも良くない。

政府は、計画の見直しで回収不能となった金額的な損失を62億円と説明している。これは、計画失敗に伴って発生した最も分かりやすく目に見える問題点の一つだ。8月10日の参院予算委員会の集中審議における下村大臣の答弁などによると、旧計画でザハ・ハディドさんの事務所と契約を結んでいたデザイン監修業務や、設計JV（共同企業体）との設計業務などについての費用が、既に支払い済みか、今後、支払う必要があるとのことだった。

安倍首相はこのことについて、同日、「結果的に貴重な公的資金を使用したことは国民に申し訳ない」と陳謝した。だが、こうした無駄な費用は、もっと早く計画を見直していれば、支払わなくて済んだはずで、こうした点と責任論は結びついていない。この無駄ガネの責任は誰にあるのか。

責任論について、報告書は、検証過程で行った関係者のヒアリングの結果、「本プロジェクトに関わった多くの人が真摯に仕事に取り組んできた」ことが分かったと指摘し、「関係者の真摯な努力にもかかわらず、個別の関係者に責任を求めることは適切ではないと考える」とも述べている。計画を進める、そのベクトルが間違っていたとはいえ、関係者はみんな真面目に頑張っていた、とある意味で同情しているのである。

これを読んで、私は、基本設計の取りまとめに四苦八苦していたＪＳＣの幹部が外部の建築関係者に、計画の問題点を認めながら、「われわれは計画を進める以外の方法は取れない」と話していたことを思い出した。このＪＳＣ幹部の〝悲鳴〟が、つまり、「真摯な努力」の結果、だったのだろうか。

確かに、自分の取材を振り返ってみても、現場で計画を進めてきた職員はみんな懸命だったと思う。わざと計画を失敗させようとか、手を抜くということはなかっただろう。だが、「計画に問題がある」と認識しながら、それでも「真摯な努力」を重ねたということは、それだけ問題の根が深いと言えるのではないか。

裏を返せば、本心とは裏腹に誰も「やめよう」とは言い出せなかったことになる。そこには、「個人の考えよりも組織の決定が優先されるべきだ」「いったん決まったことには文句を言わずに従うべきだ」という、いかにも日本人的な道徳観が見え隠れする。そして、そこにはやはり「大日本帝国陸軍」的な発想がうかがえるのだ。

報告書の足りないところを挙げればキリがないのだが、安倍首相が白紙撤回した経緯などもそもそも「文科省の調査委託事項に含まれていない検証対象外」だった。議事録の墨塗りや改ざんの問題なども、「われわれは墨塗りではない議事録を読んでいるので、墨塗りで開示されているのは知らなかった」(柏木委員長)という状況で、問題意識すら持ち合わせていなかった。

建設費高騰の理由に迫る新事実も

もちろん、新しい事実の発掘もあった。最も驚いたのは、ゼネコンが実施設計に入るのが遅れ、そのノウハウを十分に生かすことができなかった、という指摘である。

報告書によると、施工予定者として、実施設計にゼネコンを引き込む「ECI方式」の適用の検討は、遅くとも2014年3月7日にはJSC内部で行われていた。ところが、ECI方式について定めた関連法の改正が6月4日にあり、さらにJSCが関係者間の調整作業などに手間取ったため、公募を通じて、施工予定者が、竹中工務店、大成建設の2社に決まったのは、ようやく10月末だった。おかげで、両社が実際に実施設計に関わるのは、12月に入ってからになってしまった。

報告書は、「その時点では、既に実施設計が相当程度進んでおり、両社のノウハウを実施設計に反映させるとしても限界があり、工期短縮やコスト削減のための両社の新たな提案についても、その調整が困難な状況になっていた。(中略)この時間のロスによって採り得たであろう選択肢を失う結果になった」としている。

結局、12月に設計に入ったゼネコン両社は、2015年1月、わずか1カ月余りの期間で、早速、試算を出している。建設費は以前見たように3088億円だが、報告書によると、工期は何と66カ月とはじいていた。当時のJSCの計画では、工期は42カ月であり、それを2年もオーバーすることになる。これでは、新国立競技場が完成するのは2021年3月末となり、五輪の翌年になってしまう。当時、JSCが建設費よりも工期を優先して削減に走ったことは既に見たが、その判断はある意味で仕方なかったのかもしれない。

この経緯を読んで思ったのは、「もし、JSCがスムーズに公募手続きを進め、もっと早く、ゼネコンが実施設計に入っていれば、旧国立競技場を解体せずに改修して使う選択肢も現実味を帯びたのではないか」ということだ。

実際には、実施設計は8月下旬に始まっているが、その段階でゼネコンが関わっていれば、建設費や工期の異常な超過が、いち早く分かったはずだ。ゼネコンは現実の計画でも1カ月余りで試算をはじいている。もし9月や10月ごろの段階でゼネコンが試算をまとめていれば、旧国立競技場の解体は、当時まだ始まっていなかったから、その活用を検討できた可能性があったはずだ。現在も続く厳しい状況を考えても、旧国立の活用は、失ってしまった選択肢としては、あまりに惜しかった。

報告書が発掘した新事実としては、このほかにも、

・デザイン監修のザハ・ハディドさんの事務所と設計者側の役割分担が不明確で、設計作業が進まず「実施設計に入るタイミングが3カ月程度遅れた」
・実施設計でスタンドと屋根に工区を二分したことで「調整が複雑化し、工期短縮にマイナスの影響が生じた」
・工事費の上限額が明確でなく、当事者によって上限額の認識も異なっていたので、いたずらな高騰を呼んだ

などといった点がある。

報告書は、最終的に建設費があれだけ高騰した直接的な理由にまでは迫れなかったが、こうした事実はいずれも高騰の背景として、注目に値する。われわれが検証作業に期待するのは、こうした新事実の発掘だ。事実の積み重ねがなければ、本当は何があったのか、真実に迫るのは難しいからだ。

政府は短期間の検証で済ませるのではなく、ある程度の時間をかけて、こうした問題を徹底的に洗い出さないと、白紙撤回の要因となった国民の疑念に応えられないのではないか、と感じる。

「見直しをすべきだったタイミング」で起きていたこと

検証報告書で「見直しをすべきだったタイミング」と指摘された2013年9月から12月にかけては、3000億円超の試算をめぐって、JSCや文科省内部でも大騒動になっていた。報告書で明らかになった事実に、取材で得た証言などを踏まえて、当時の様子を振り返ってみたい。

報告書によると、ザハ・ハディドさんのデザインに基づき、日建設計、梓設計、日本設計、アラップの4社による設計JVとフレームワーク設計について契約を結んだのは、2013年5月末だった。だが、この約1カ月後の7月上旬には、設計JVから、「1300億円には収まらない。2000億円を超える可能性がある」という報告がJSCにあった。さらに7月30日になって届いたのが、「(解体工事費を含め)最大で3535億円に達する」との試算だった。下村博文文部科学相の国会答弁などでは、これまで「3000億円超」としかされてこなかったが、実際はさらに大きな金額だったことになる。

招致活動の真っ最中に1358億円案が提案されていた

JSCから報告を受けた文科省はすぐにコスト削減を指示した。JSC幹部は慌てて、ロンドンのザハ・ハディドさんの事務所に飛んだ。

そこで、JSCがまとめたのが「7つのコンパクト案」だった。最大で3535億円の案から段階的に機能や規模を縮小し、最小で1358億円（いずれも解体工事費を含む）となっていた。

機能を最も簡素化した1358億円の案は、キールアーチや、開閉式屋根、可動席などがない案で、「最もシンプルなスタジアムのイメージ」（JSC関係者）だった。これは当時の予算だった1300億円に最も近い金額でもある。一方で、3535億円は全ての機能を盛り込み、ハディドさんのデザインも忠実に再現した案だ。

8月20日、JSCは文科省側にこの7案を示した。だが、山中伸一文科事務次官は、「ザハ案をやめるとラグビーW杯に間に合わないので、ザハ案でのコスト縮減に努めること」などと指示を出したという。

当時の検討について、文科省の関係者は、「招致活動の真っ最中の時期で、現実にザハ案でプレゼンテーションしている訳だから、それを『やめます』とはちょっと言えなかった。同じ省内で、五輪招致のために頑張っている仲間もいる訳だから」と、私の取材に答えた。

この関係者に、私が、「ハディドさんの案を見直すつもりはなかったんですか」と問い返すと、「考えもしなかった」と明言した後、こう言った。「ただし、もし五輪招致に負けた場合は、これだけお金のかかるスタジアムの建設は、できなくなるんじゃないか、という危惧はありました。だから、一つの案に絞ることはせずに、五輪の結果が出るまではもっと安価な案を含めて複数を準備していた」

この証言から分かるのは、基本的には、従来案を踏襲するが、五輪招致に失敗した場合には、1358億円案が浮上する可能性もあったということである。1358億円案はあくまで、もしもの時の保険のような位置づけにすぎなかった、という訳だ。

報告書も、1358億円案が文科省やJSC内でどれほど真剣に検討されたかまでは、迫れなかった。第三者委が関係者に行ったヒアリングでは、山中次官の発言とは裏腹に、「文部科学省からJSCに対し、ザハ案をやめることも検討するよう指示を出した」「JSCの方から文部科学省の方に、ザハ案をやめて違うデザインにするかどうか提案をした」といった証言も得られたという。こうした証言の矛盾について、報告書は「関係者の認識、意識は共通していなかった」と記すにとどまっている。

9月になり、東京五輪・パラリンピックの開催が決定し、JSCや文科省は、ハディドさんのデザインを生かし、開閉式屋根や、可動席などの基本設備を残すなど、原案を踏襲しながら規模を縮小する方針を採用した。

「1625億円」は最初から絵に描いた餅？

ここからは、ほぼこれまで見てきた既知情報のおさらいになる。

縮小作業が進む中、第3章でも述べたように、毎日新聞が「最大3000億円」と報道した。この時まで、下村大臣は建設費の高騰については報告を受けていなかったという。下村大臣は、10月23日、建設費縮減のために規模を小さくする方針を示し、JSCは11月の有識者会議で延べ床面積を約2割減らし、建設費を1785億円（解体工事費67億円を除く）とする案を公表した。

その後、翌2014年1月には基本設計に入った。それが完了し、5月に基本設計の内容が公表された時には、JSCは資材をより安価なものに見直すなどとして、建設費は1625億円になった、としていた。この1625億円については、消費税5%で試算するなどしていたため、当時から「見せかけの数字」と問題視されていたのは、本書でも厳しく指摘した。

だが、実際にはこの1625億円は、基本設計の作業に入る前に既に決まっていた数字だったことが分かった。

報告書などによると、2013年11月の有識者会議で1785億円が公表された直後から、自民党の行政改革推進本部の無駄撲滅プロジェクトチーム（PT）に舞台を移して、建設費の切り詰め作業が始まった。

PT側としては、少しでも当初予算の1300億円に近づけるという目標があったようだ。年末までには「1625億円」が決まった。

報告書を読んで、私が疑問に感じたのは、「この工事費縮減過程において、ザハ・ハディド事務所には、縮減案に関する相談はほとんどされず」「設計JVも1625億円という数字を最初は知らなかった」という記述だった。

建設費の縮減に努めるのは当たり前のことだと思う。だが、これを読むと、1625億円というのはきちんとした根拠のある数字だったのか、達成可能な数字だったのか、疑問が湧く。建設費の切り詰めに当然関わるべき、ハディドさんや設計JVのほとんど知らないところで、1625億円が決まっていったことがうかがえるからだ。

自民党関係者によると、当時、1625億円の予算について、「必ず守ってほしい」と念押しされたJSCの河野一郎理事長は、「必ず1625億円以内に収める。もしオーバーしたら腹を切る」と約束したという。その根拠は何だったのだろうか。JSC幹部は、私の取材にこう言った。「3000億円への批判が強く、少しでも抑える必要があった。1625億円は政治的に決められた数字だ」

もし、それが事実だとすれば、1625億円はやはり最初から絵に描いた餅にすぎなかった、ということになる。

そもそも建て替え決定の経緯が分からない

もう一つ、検証報告書では、「検証の対象外」として、全く触れられていないことだが、この計画の問題を振り返って考える上で大事な事実を指摘しておきたい。

それは、そもそも、どうして国立競技場が建て替えられることになったのか、ということだ。計画の白紙撤回後、一連の経緯を東京新聞取材班でも調べてみることになり、私は、過去の記事や資料に当たって、自前で年表を作成して眺めていた。だが、どんな資料に当たっても、どの段階で建て替えが正式に決定したのか、どこにも書いていないことにあらためて気づいた。巨費を投じる一大プロジェクトだから、たとえば文部科学相など、それなりの立場の誰かが、どこかの場面で、建て替えを明言してしかるべきではないか。それが、関心を持った理由の一つである。そしてその経緯を探ると、計画が紆余曲折することになった問題の根っこが見えてきた。

建て替えが決まった最初のきっかけは、2011年3月にさかのぼる。国立競技場を大改修して収容人員を5万4000人から7万人に拡大する――。JSCは大手設計会社の久米設計に委託して、こんな改修計画を作った。

費用は、消費税抜きで777億円。今にしてみると、かなり魅力的な案に思えるが、JSCの齋藤孝博国立競技場長に尋ねると、「改修案を見て、こんなに使い勝手が悪いのか、と驚いた」と振り返った。

当時、改修計画を作成したのは、老朽化対策を迫られたからだ。旧国立競技場は1958年完成。1964年の東京五輪のメーンスタジアムとなり、その後、日本のスポーツの聖地と言われながら、築後半世紀が過ぎ、諸設備は国際基準に合致しなくなった。耐震診断で国の基準を満たしていないことも分かった。

改修案はこうした欠点を部分的に補う内容だったが、齋藤さんらにしてみれば、抜本的な改善には程遠かったという。

たとえば改修案では地下にサブトラックを備えたが、天井の低さから、投てき競技など、種目によっては、ウォーミングアップに使用できない可能性が高かった。レーンも国際基準の9レーンに至らず、8レーンのままになっていた。必要な設備を拡充し、こうした問題を解決するには、もっと敷地を拡大して競技場全体のスペースを広げる必要性を感じたという。そこまでの大規模な工事になると、改修ではなく、建て替えしかなかった。

さらに、こうした判断の背中を押したのが、2019年のラグビーW杯日本大会だった。この改修計画が完成したころ、超党派の議員連盟が、国立競技場を8万人規模に整備するよう求める決議を行っていた。もし、8万人まで増やすとすれば、敷地の拡大が不可欠で、それにはやはり、建て替えるしか道はなかった。

関係者の腹は固まりつつあった。だが、表向きには誰がどこで最終的な判断を下したかは、JSC側に取材しても依然としてはっきりしなかった。齋藤さんも「建て替えを誰かがずばっと決めたことはない。議連の決議など、流れの中で決まっていった」と言った。

最初から財源のアテがないまま見切り発車

この疑問に答えを与えてくれたのは、当時の検討に関わった文科省の関係者だった。この関係者は、「財源が定まっていなかったから、誰も建て替えると明言できなかったし、表だって検討もできなかった」と証言したのだ。

ラグビーW杯のほか、東京都も2020年の五輪招致に立候補することを表明し、国立競技場がそのメーンスタジアムになることが決まっていた。建て替えるには、時間が限られていた。この関係者は、「建て替えについて、財務省は全然納得していなかった。財源のメドがないから、本当なら建て替えについて議論できるような段階じゃなかった。でも、リミットが決まっていたので、走りださなければいけなかった」と言った。

文科省は2011年8月、翌年度予算の概算要求で「国立競技場の改築に向けた調査費」として1億円を要求している。表向きは「改修も含めた調査」としながら、これが事実上のゴーサインとなったという。

こうした動きを受け、年が明けた2012年1月に設置されたのが、JSCの諮問機関である、あの有識者会議だった。確かに、その設置要項は、「国立競技場の将来構想について審議する」と、含みを持たせた書きぶりになっている。齋藤さんも、「改修も含めて検討することになっていたはずだ」と、取材で話した。だが、これまで見てきたように、実際の会合では、話し合いは建て替え計画の立案に絞って進められた。議事録を読んでも、改修について検討した形跡はない。

今に至るまで大きな問題として残っている財源の問題は、最初からアテがないことが織り込み済みで、無理に見切り発車していた。問題は生じるべくして生じていたのだ。

この建て替え決定の経緯について、検証報告書をまとめた第三者委は「検証の対象外」として、そもそも調査すらしていない。ただし、建設費が高騰していった背景として、柏木委員長は会見で、「この問題を見た時に最初に感じた不思議な点は、予算が決められていないことだ」と述べた。一応、1300億円の予算でコンペを行い、設計作業を始めたが、建設費はどんどん膨らんでいった。普通なら、設定した予算の上限を超える可能性が生じれば、スペックを落とすなどして、予算の上昇を防ぐのではないか、という趣旨だ。

この指摘の通り、もし、財源をきちんと確定させてから、計画に着手していたのであれば、財源に見合った金額を予算として、関係者はそれを順守しようとしたのではないか。財源がないことが逆に、予算額を不透明にし、関係者のコスト意識にも影響したのではないか。

報告書はさらに、「通常のプロジェクトであれば、財務省と協議の上決定される国費分がプロジェクト全体の上限額となる。しかし、本プロジェクトにおいては、あらかじめ定めた上限額を超えても、スポーツ振興くじに係る売上の繰り入れ期間を延長すること等でまかなうことが可能であったことが、工事費の上限額を明確にするインセンティブの低下を招いた」と分析している。

工期を短縮しつつ建設費を抑えるという難題

報告書の公表を受けて、下村博文文部科学相は9月25日、安倍晋三首相に辞意を伝えたことを明らかにした。ただ、首相から10月上旬の内閣改造まで続投するよう慰留され、受け入れた。

JSCの河野一郎理事長は任期満了で9月末で退任した。これに先立ち、文科省で新国立競技場を担当したスポーツ・青少年局の久保公人局長も8月に辞職している。事実上の更迭とみられたが、文科相は当時、「定例の人事異動」と話していた。

下村大臣、山中伸一前文科次官、河野理事長には、それぞれ給与の返納などの処分も出た。政府は、検証報告書の公表とこうした人事措置をもって、旧計画の失敗について、幕引きを図ろうとしているように見える。

だが、検証でさえ不十分なままなのに、このまま前へ進んでしまっていいのだろうか。それは、新計画に教訓を生かすという観点からも、不安がある。

「ゼロ・オプション」提言の項でも見た通り、これから新しいスタジアムを造るには、クリアしなければいけない課題がある。

その優先度が最も高いのが、工期である。タイムリミットが迫る中、政府は、設計・施工一体型で9月に事業者の公募を開始した。業者選定後、設計・施工50カ月足らずで、2020年1月の完成を目指す。

より小規模な日産スタジアム（横浜市）でも、設計・施工で約70カ月を要しており、簡単な目標ではない。だが、政府にも妙案がある訳ではなく、基本的には、公募に参加する業者の提案に委ねている。しかも今のところ、その公募に参加するのは、大手ゼネコンを核とした2陣営程度になるとみられており、課題解決のための選択肢は限られる可能性が高い。

一般に工期と建設費は相反関係にあり、工期の短縮を試みれば、その分、建設費はアップする。その建設費だって安いとは言えない1550億円である。しかも、震災復興や五輪特需による建設物価の上昇は続いており、将来の消費税増税も追い打ちをかける。

政府側は、消費税増税と建設物価の上昇分については、建設費1550億円に上乗せする方針だ。それ以外の要因で上昇した場合は「スペックの方を下げる」と言っているが、もしスペックを見直すことになれば、さらに工期を圧迫することになりかねない。そのことがさらに建設費の圧迫に跳ね返るのでは、という悪循環も頭をよぎる。条件として与えられた諸機能を保ちつつ、工期と建設費のバランスを保つのは決して容易ではない。

財源の確保、という大問題も待ち受ける。安易にスポーツ振興くじ（ｔｏｔｏ）をアテにすることについて、超党派のスポーツ議員連盟に所属するある議員は、「このままでは、ギャンブルスタジアムになるのではないか」と私に話した。

ｔｏｔｏは元々、地域スポーツの振興やトップ選手支援の財源に充てる名目で始まった。導入の際には、賭博的な要素への懸念から、「事実上のギャンブルで青少年に悪影響を与える」と慎重な意見もあったが、実施に踏み切れたのは、その名目通り、「スポーツ振興の切り札に」という期待があったからだろう。

２００１年の導入直後は売り上げが低迷したが、２００６年の「ＢＩＧ」導入に伴って人気に火が付いた。ｔｏｔｏの〝胴元〟は、新国立競技場建設の事業主体のＪＳＣであり、その売り上げが順調に伸びていることが念頭にあったのだろうか、当初から新国立競技場の整備計画の関係者はｔｏｔｏに頼ろうとしていた。

既に見たように、２０１２年５月の「施設建築」ワーキンググループでは会合の終盤、有識者会議委員の遠藤利明衆院議員が「明日スポーツ議員連盟で財源の問題を議論します。財源としてサッカーくじの活用をどうしていくか」と発言。さらに、「八百何億円のサッカーくじの売り上げをもう少し増やす仕組みをどう作っていくか」などと問題提起している。

この発言の通り、ｔｏｔｏは1年後、スポーツ議連による議員立法で、売り上げの5％が新競技場の事業費に充てられるよう法改正される。同時に、当せん金を最大10億円に引き上げ、海外サッカーまで対象を拡大するなど、売り上げ増を目指して突き進む。その結果、２０１３年度の売り上げは過去最高の１０８０億円を記録した。

ここに至り、新国立競技場整備計画におけるｔｏｔｏの位置づけは、関係者にとって、「財源の切り札」としか映っていないように思える。ｔｏｔｏは、決して、スタジアム建設のための打ち出の小づちではない。スポーツ議連の所属議員は、そう言いたいのだ。

新しい整備計画の策定過程にも疑問あり

旧計画のことだけでなく、白紙撤回後の新しい整備計画の策定過程にも、疑問がないわけではない。

安倍首相は「ゼロベースで見直す」と宣言したのに、見直しの対象は本体工事だけにとどまった。神宮外苑に隣接し、約２００世帯が暮らす都営霞ケ丘アパートは、新競技場の敷地の一部として取り壊される。旧計画時代から、取り壊し反対の声が上がっていたが、全く顧みられなかった。どうして、見直しの対象は本体工事だけなのか。関係閣僚会議の事務局を務める「再検討推進室」の幹部は、「競技場本体以外は見直しの指示を受けていない」と述べるだけだ。

２０１５年４月には、国に政策提言を行う科学者の代表機関である日本学術会議の「都市と自然と環境分科会」が、競技場本体周辺の開発計画を見直し、外苑の歴史的意義にも照らして、森として整備するよう求める提案をまとめた。１５００本以上もの樹木を伐採し、コンクリート製の人工地盤で競技場を囲う計画を批判。地下水路となってしまった渋谷川の流れを再生すると同時に、「本物の森」を創り出すことを求めた。だが、新計画では人工地盤は見直されず、渋谷川の再生も行われない見通しだ。理由はやはり「見直しの対象外だから」である。

決して安くはない１５５０億円の建設費や、削り込めなかった新競技場の規模も、本当にこれでよいのかどうか。一連の新計画を検討したのは関係閣僚会議だが、最終的に計画が決定した8月28日までに開かれた閣僚会議は、計４回だけである。しかも、公開された議事録によると、それぞれの開催時間は15分、60分、10分、15分にすぎない。

たったこれだけで、どうして新しい整備計画をまとめることができたのか。言わずもがなだろうが、検討の中身は事務局である再検討推進室で揉み、遠藤利明五輪担当相が最終的に決定して、閣僚会議にはその結果を報告する、という体裁をとっているからだ。

民主党の「東京オリンピック・パラリンピックに係る公共事業再検討本部」で新国立競技場

問題を追及している、同党の玉木雄一郎衆院議員は、「旧計画の有識者会議もそうだったが、こういう形式的な会議を開いて『集まって決めたんだから、形式は整えました』というやり方のせいで問題が生じたのではないか」と批判している。議事録に残る表の会議はしゃんしゃんで済ませ、裏の会議で実務を行う物事の決め方は、政治的すぎるのではないか、という指摘だ。

旧計画では、透明性や説明責任に問題があった。新しい整備計画がどうして決まったのかも、きちんとチェックされなければいけない。時間が限られているといっても、国民は全てを政府に白紙委任しているわけではない。

こうした状況を考えた時に、検証報告書が指摘したような教訓をどうくみとり、集団無責任体制がどう解消されたのか、新計画はきちんと検証されないといけない。

森まゆみさんたち「神宮外苑と国立競技場を未来へ手わたす会」は、今も「ゼロ・オプション」への変更を訴えている。10月1日には日本記者クラブで会見し、次のような声明を公表した。

「2020年、東京オリンピック・パラリンピックは、IOCのアジェンダに従い、既存スタジアムの改修で開催すべきである。そして今回の失敗を教訓に、物事が闇の中で決定され、国民の意見が反映されないシステムがこれを機に変革されるよう切に望むものである」

新国立競技場の問題はまだ終わりではない。

新国立競技場計画が東京に、日本に、問いかけたもの

最後に少しだけ景観のことについて触れたい。

「建築は、ある意味で暴力性がある。本なら、つまらないと捨てればいいけれど、建築は都市空間の性格自体を決定的に決めてしまう。好むと好まざるとにかかわらず、いったんその建築ができてしまうと、市民はその空間に強制的に向き合うことになる。だから、建築物を造る時は、建築家の側が提案して、市民がどう感じるのかを議論しながら詰めていく場が必要だと思う」

作家の平野啓一郎さんに取材した時に、印象に残った言葉だ。言われてみれば当然のことだが、都市と建築、その景観のあり方について、新国立競技場の問題を取材するまでの自分は、あまりにも無自覚で無関心だった。

シンポジウムで知り合ったある建築家はこんなふうに話していた。「世界の都市には立派な建築、壮大な眺めがあるが、20世紀の東京はこうした街並みを造らなかった。東京らしい街並みはどこかと聞かれても答えられない。いま、東京の〝新名所〟と言われて思い出すのは、商業施設ばかりである」

北海道大の坂井文《あや》准教授によると、英国には、都市の景観を守るため、新しい建築物をチェックする「建築都市環境委員会（CABE）」という組織がある。日本では、容積率や建ぺい

率などの法的基準を満たせば、基本的に自分の敷地にどんな建物でも建てられる。ところが、英国では、巨大すぎたり奇抜すぎたりして周囲になじまないと判断されると、CABEに指摘されてしまう。デザインは数字で基準を示せないから、その善し悪しを評価するのは難しい。日本では権利の侵害と問題視されるかもしれないが、そこに踏み込むのだ。

坂井さんは米国に留学し、ランドスケープアーキテクチャーを学んだ。直訳すれば「景観の建築」。そのきっかけは、日本の大学で建築を学んでいたころにさかのぼる。観光旅行で訪れた欧米では、たとえば英国にトラファルガー広場があるように、都市の顔となる広場や、市民の憩いの場となる広場がある。どうして日本にはほとんどないのだろうか。その疑問が出発点になったという。

どんな都市にするのか、どんな景観を選ぶのか。本質的には、そこに住む市民が決めることで、景観を犠牲にしても、近代的な高層ビルを優先するという選択もあっていい。ただし、20世紀の東京が開発を優先した結果、「東京らしい街並みを造らなかった」というのは、事実のように思う。その是非を考えてみる必要があるのではないか。

槇文彦さんは、一連の新国立競技場整備計画について、こう言っている。「これだけ世論が一つの建築に向けられたことは、近代建築史の中でなかったと思う。一つの建築について、こうだと思う、と皆さんがいろんな形で発言し、それをメディアが報じた。仮に新国立（の新しい整備計画）がわれわれの期待に届かなくても、こうした意見交換ができたことはよかったし、皆さんのいろんな意見がこれからのガイドラインになるべきだと考えている」

東京や日本がこれからどんな都市、どんな国になるのか。いや、どんな都市、どんな国にするのか、この言葉の意味は、やはりよく考えてみる必要があると思う。

あとがき

安藤忠雄さんの会見を見たのは、病院の談話室に置かれたテレビ画面を通じてだった。新国立競技場について、安藤さんはどう考えているのか、あれほど直接聞きたいと望んだのに、ようやく訪れた、そのチャンスを私は逸してしまった。会見場からそう遠くない東京都内の病院で、手術を受け、入院していたからだ。

新国立競技場の取材を始めた2013年9月以降、私は思いがけず大病を患うことになった。だが、それはそう悪いことばかりではない、といまは思っている。病気になって初めて、自分の仕事のことを強く意識できるようになったからだ。具体的に言えば、「現場で自由に取材できるいまの環境が、いつまで続くかは分からない」と考えるようになった。

私の病気はそうそう命に直結するような病ではない。それでも、30代半ばの自分にはそれなりのショックがあり、それまで漫然と取り組んできた自分の仕事に関する意識を考え直すきっかけにはなった。

まだ旧計画が撤回される前のことだが、新国立競技場の建設計画に協力してきた、さる高名な建築家に電話で取材を申し込んだ。向こうは電話に出るなり、「あなたの記事を読んだが、とんでもない記者だ。あなたは東京五輪が失敗してほしいと思っているのか。それは国益に反することだ」とまくし立て、一方的に電話を切った。

誤解を恐れずに言えば、私はこの取材を通じて、「国益」など考えたこともない。ただ目の前で理屈に合わないと思えることが行われていることを知り、知ってしまった以上、取材しなければいけない、という義務感に駆られただけだ。こう書くと、いかにも格好良く聞こえるかもしれないが、率直に言って、この計画で実際に何が行われようとしているのか、本当のことが知りたいだけだった。

そして、そんなふうに思って取材を継続する原動力の一つに病気があったと、いま思う。

2年以上に及ぶ取材の対象者は多岐にわたった。最初のころは文化部記者らしく、建築家をはじめとした文化人が中心だったのに、いつの間にか、霞が関や永田町に足しげく通うことになり、役人や政治家が主な取材相手になった。結局、新国立競技場の問題は、建築の問題であり、スポーツの問題であり、政治の問題であり、そして、民主主義の問題だった。いま振り返ってみると、その2年は短いようでもあり、やっぱり長かった。

本書の執筆依頼を受けたのも、手術後に入院していたころである。幻冬舎の小木田順子さんから会社を通じてメールをいただいた時、無理を言ってわざわざ病院の近くの喫茶店まで来てもらった。やっぱり、書けるものは、書ける時に、少しでも書いておきたい、と思った。

これまでの取材、そして、本書の執筆は、取材相手はもちろん、会社の上司や先輩、仲間、幻冬舎の小木田さん、そして自分の家族のおかげで進めることができた。本当に感謝します。

２０１５年10月

森本智之

著者略歴

森本智之《もりもとともゆき》

東京新聞（中日新聞東京本社）文化部記者。
一九七八年、広島県呉市生まれ。大阪大学文学部卒業。
二〇〇三年の入社後、伊賀支局、静岡総局を経て、
社会部で福島第一原発事故などを担当、取材班の一員として
『レベル7――福島原発事故、隠された真実』（幻冬舎）を執筆した。
一三年二月から現職。担当は美術・建築。

幻冬舎新書 402

新国立競技場問題の真実
無責任国家・日本の縮図

二〇一五年十一月三十日 第一刷発行

著者 森本智之
発行人 見城 徹
編集人 志儀保博
発行所 株式会社 幻冬舎
〒一五一-〇〇五一 東京都渋谷区千駄ヶ谷四-九-七
電話 〇三-五四一一-六二一一(編集)
〇三-五四一一-六二二二(営業)
振替 〇〇一二〇-八-七六七六四三
ブックデザイン 鈴木成一デザイン室
印刷・製本所 株式会社 光邦

検印廃止

Printed in Japan ISBN978-4-344-98403-5 C0295
も-11-1

幻冬舎ホームページアドレス http://www.gentosha.co.jp/
*この本に関するご意見・ご感想をメールでお寄せいただく場合は、comment@gentosha.co.jp まで。

小林よしのり　宮台真司　東浩紀
戦争する国の道徳
安保・沖縄・福島

日本は戦争する国になった。これは怒ることを忘れ、日米安保に甘えた国民の責任だ。しかし、今度こそ怒りつづけねばならない。日本を代表する論客三人が共闘することを誓った一冊。

鈴木大介
最貧困女子

「貧困女子」よりさらにひどい地獄の中でもがいている女性たちがいる。「貧困連鎖」から出られず、誰の助けも借りられず、セックスワーク(売春や性風俗業)をするしかない彼女たちの悲痛な叫び!

中村淳彦
ルポ 中年童貞

性交渉未経験の男性が増えている。30歳以上未婚男性の4人に1人が童貞。この割合はここ20年間上昇を続けている。性にまつわる取材を続ける著者がえぐる日本社会の不健全さ。衝撃のルポルタージュ。

岩波明
他人を非難してばかりいる人たち
バッシング・いじめ・ネット私刑《リンチ》

昨今、バッシングが過熱しすぎだ。失言やトラブルで非難を受けた人物には、無関係な人までもが匿名で攻撃。日本人の精神構造が引き起こす異常な現象に、精神科医が警鐘を鳴らす!